STUDIENKURS SOZIOLOGIE

Lehrbuchreihe für Studierende der Soziologie
an Universitäten und Hochschulen

Wissenschaftlich fundiert und in verständlicher Sprache führen die Bände der Reihe in die zentralen Forschungsgebiete, Theorien und Methoden der Soziologie ein und vermitteln die für angehende SoziologInnen grundlegenden Studieninhalte. Die konsequente Problemorientierung und die didaktische Aufbereitung der einzelnen Kapitel erleichtern den Zugriff auf die fachlichen Inhalte. Bestens geeignet zur Prüfungsvorbereitung u.a. durch Zusammenfassungen, Wissens- und Verständnisfragen sowie Schaubilder und thematische Querweise.

Maurizio Bach

Klassiker der Soziologie

Onlineversion
Nomos eLibrary

Die Deutsche Nationalbibliothek verzeichnet diese Publikation in der Deutschen Nationalbibliografie; detaillierte bibliografische Daten sind im Internet über http://dnb.d-nb.de abrufbar.

ISBN 978-3-7560-0506-2 (Print)
ISBN 978-3-7489-3829-3 (ePDF)

1. Auflage 2023
© Nomos Verlagsgesellschaft, Baden-Baden 2023. Gesamtverantwortung für Druck und Herstellung bei der Nomos Verlagsgesellschaft mbH & Co. KG. Alle Rechte, auch die des Nachdrucks von Auszügen, der fotomechanischen Wiedergabe und der Übersetzung, vorbehalten. Gedruckt auf alterungsbeständigem Papier.

Vorwort

Mit der vorliegenden Einführung in die Gesellschaftstheorie soll Studierenden ein Lehrbuch an die Hand gegeben werden, das ihnen einen ersten Einblick in die Theoriebildung und die Hauptprobleme der Soziologie gibt. Im Mittelpunkt stehen die wichtigsten Klassiker der Soziologie, ohne die der Sinngehalt und die Entwicklung des Faches schlechterdings nicht angemessen verstanden werden kann. Dieses Studienbuch ist nicht enzyklopädisch angelegt. Nicht alles, was wichtig wäre, wurde auch angesprochen und dargelegt. Die Darstellung konzentriert sich vielmehr auf pointierte Akzentsetzungen sowie selektive und exemplarische Problematisierungen. Das kann eine vertiefende und weiterführende Lektüre freilich nicht ersetzen. Der Studienkurs will Schneisen in unübersichtliches Gelände schlagen, und dies geschieht in der Hoffnung, dass die angezeigten Avenuen, Wege und Pfade der soziologischen Erkenntnis von den interessierten Leserinnen und Lesern weiterverfolgt und vertieft werden.

Nicht auf bloßes Auswendiglernen zielt also dieses Lehrbuch, sondern auf intellektuelles Verstehen, kritische Aneignung und individuelle Verarbeitung der hier präsentierten klassischen Grundlagen der Gesellschaftstheorie. Vor allem aber soll es zum selbständigen Denken und zur wissenschaftlich informierten und kritischen Auseinandersetzung mit gesellschaftlichen Phänomenen anregen. Dies geschieht nicht zuletzt in der Überzeugung, dass die Universität nicht nur der Berufsqualifikation dient, sondern auch ein gesellschaftlicher Raum der Aufklärung, des kritischen Denkens und der Diskussion gesellschaftlicher Probleme ist.

Was hat die Universität mit Aufklärung zu tun? Spätestens seit den preußischen Bildungsreformen unter Humboldt und Hardenberg zu Beginn des 19. Jahrhunderts gründet die Universität auf den Prinzipien der Aufklärung. Und Aufklärung bedeutet nicht zuletzt, dass überkommene Wissensbestände, Dogmen und soziale Praktiken zum Gegenstand einer freien und öffentlichen Kritik werden. „Kritisieren" wiederum meint: „untersuchen", „trennen", „urteilen", kurz die Kunst der Unterscheidung" (*tekhnè diakritikè*).

Die Soziologie steht in der Tradition der Aufklärung, sie hat die philosophische Aufklärung teilweise beerbt und setzt sie unter neuen, auf die moderne Gesellschaft bezogenen Fragestellungen fort. Insbesondere die Gesellschaftstheorie zielt darauf ab, die grundlegenden Strukturen und Dynamiken der modernen Gesellschaft, das was sie zusammenhält oder auch auseinandertreibt, zu erforschen. Das erfordert, Selbstverständlichkeiten in Frage zu stellen, Macht- und Herrschaftsverhältnisse offenzulegen sowie gängige Mythen und Selbsttäuschungen zu hinterfragen. Insofern gründet auch das Unternehmen Gesellschaftstheorie auf Kritik – auf Kritik als Voraussetzung und Mittel der soziologischen Erkenntnis.

Inhalt

Vorwort		5
Kapitel 1:	Karl Marx und der Kapitalismus	9
Kapitel 2:	Adam Smith und Thomas Hobbes	19
Kapitel 3:	Differenzierung und soziale Solidarität: Emile Durkheim	31
Kapitel 4:	Was sind „soziale Tatsachen"? Zur Methodologie Emile Durkheims	39
Kapitel 5:	Georg Simmel: „Wechselwirkungen" und „Vergesellschaftung"	47
Kapitel 6:	Zwischenbetrachtung: Der Gesellschaftsbegriff von Durkheim und Simmel im Theoerienvergleich	55
Kapitel 7:	Max Webers soziologische Handlungs- und Ordnungstheorie	61
Kapitel 8:	Max Weber: Typen und Kategorien des sozialen Handelns	69
Kapitel 9:	Max Webers Protestantische Ethik und der Geist des Kapitalismus	77
Kapitel 10:	Max Webers Herrschaftssoziologie	89
Kapitel 11:	Vilfredo Pareto: „Nicht-rationales Handeln" und Eliten	103
Kapitel 12:	Norbert Elias: „Figuration" und „Zivilisation"	111
Kapitel 13:	Pierre Bourdieu: „Geschmack" und „Habitus"	125
Literatur		137
Stichwortverzeichnis		141
Bereits erschienen in der Reihe STUDIENKURS SOZIOLOGIE		143

Kapitel 1: Karl Marx und der Kapitalismus

Zusammenfassung

Dieses Kapitel befasst sich mit den Grundstrukturen moderner Gesellschaften, ihren historischen Voraussetzungen sowie ihrer zentralen kulturellen, politischen und ökonomischen Dynamik. Hauptgesichtspunkte der soziologischen Modernisierungstheorien werden vorgestellt. Im Anschluss daran wird das Werk von Karl Marx in den Mittelpunkt gerückt. Mit seiner Geschichtsphilosophie und Kapitalismusanalyse schuf Marx' Werk einen bahnbrechenden Meilenstein in der Entwicklung einer umfassenden Theorie der modernen Gesellschaft. Das Hauptaugenmerk liegt auf den soziologischen Aspekten, wie dem gesellschaftlichen Konflikt, der „Rationalität" der kapitalistischen Ökonomie und deren wichtigste gesellschaftliche Trägerschicht, dem Bürgertum.

Kaum ein Begriff ist so vieldeutig wie *moderne Gesellschaft*. Nicht nur Soziologen[1] und Sozialwissenschaftler, auch Geistes- und Kulturwissenschaftler benutzen ihn ganz selbstverständlich. Das Adjektiv „modern" hat darüber hinaus auch eine alltagssprachliche Bedeutung: *Modern* ist, was neu und aktuell ist, was vermeintlich fortschrittlicher ist, was als innovativ und zukunftsweisend gilt, sich jugendlich präsentiert und im Trend liegt. Als wissenschaftlicher Begriff ist „Moderne" aber vor allem als historische und kulturelle Epochenbezeichnung gebräuchlich. Historisch setzt die Entwicklung der modernen Gesellschaft mit der Epoche der Aufklärung ein, also mit den Großen Revolutionen, den Bürgerkrieg in England (1688), der Amerikanischen und Französische Revolution (1763–1983 bzw. 1789) sowie der von England ausgehenden industriellen Revolution. Diese Ereignisse haben die Welt grundlegend verändert. Die moderne Gesellschaft geht aus tiefgreifenden geistigen, ökonomischen, politischen und gesellschaftlichen Umbrüchen hervor. Inzwischen können wir auf etwa 250 Jahre Modernisierungsgeschichte zurückblicken.

Mit dem Begriff „Moderne" verbindet sich aber auch die Vorstellung eines spezifischen politischen, kulturellen und kulturellen Programms, das die institutionelle Grundstruktur unserer Gesellschaften widerspiegelt. Dieses Programm zielt auf die Verwirklichung der Ideen der Aufklärung, ihrer politischen Institutionalisierung in den Verfassungsprinzipien der Menschen- und Bürgerrechte, auf die Herausbildung und Befestigung neuer kultureller Einheiten und kollektiver Identitäten sowie darauf bezogener politischer Kollektive (vor allem den Nationen und sozialen Klassen) sowie auf die Sicherung dauerhafter materieller Wohlfahrtssteigerung. Hierbei spielen die Mechanismen, die ein selbsttragendes ökonomisches Wachstum ermöglichen, eine herausragende Rolle als Triebkräfte des sozialen Wandels.

Die Soziologie beschäftigt sich seit Anfang an wesentlich mit den Problemen der Entstehung, der Entwicklung und den Wirkungen von gesellschaftlichen Mo-

---

[1] Im vorliegenden Band wird das generische Maskulinum im grammatikalischen Sinn verwendet, d.h. sexusindifferent, ohne eine Diskriminierung des weiblichen biologische Geschlechts zu implizieren oder zu beabsichtigen.

dernisierungsprozessen. Die systematische Analyse der Strukturen und Dynamik moderner Gesellschaften gehört somit zu ihren zentralen Erkenntnisinteressen und Forschungsaufgaben. Insofern kann man formelhaft zugespitzt sagen: die Soziologie ist die Wissenschaft von der modernen Gesellschaft. Zugleich aber ist sie selbst ein Produkt der Moderne. Ihre Genese setzt das moderne naturwissenschaftliche Weltbild, das sich vom mythisch-magischen Denken und von religiösen Glaubensvorstellungen emanzipiert hat und eine diesseitige, an empirischen Tatsachen ausgerichtete Wirklichkeitserfassung und Theoriebildung verfolgt, voraus. Zu den Entstehungsbedingen der Soziologie gehört außerdem ein relativ hohes Niveau der gesellschaftlichen Reichtumsproduktion, dass ohne eine fortgeschrittene Arbeitsteilung, einer konsolidierten Staats- und Nationsbildung sowie einem entwickelten Stand der moralischen und politischen Zivilität nicht denkbar ist (vgl. Elias 1997a/b),

Zu den historischen Voraussetzungen der Herausbildung moderner Gesellschaften ist festzustellen, dass natürlich keine monokausale Herleitung oder Erklärung möglich ist. Generell besteht aber weitgehend Übereinstimmung darin, dass die Grundlagen dafür in Europa im Laufe des 16. und 17. Jahrhunderts gelegt wurden. Zu den Ursachen in wirtschaftlicher und sozialstruktureller Hinsicht sei vor allem auf die Entwicklung des Handels und die Umstrukturierung der Landwirtschaft im ausgehenden Mittelalter hingewiesen. Der historische Durchbruch wurde erreicht, als die grundlegenden Produktivitäts- und Innovationhemmnisse der feudalistischen Gesellschaftsstruktur – überwiegend lokale Landwirtschaft, Kriegs- und Luxuskonsum des Adels, Frondienste und Leibeigenschaft der Bauern, Organisation des Handwerks in Zünften, unterentwickelte Geldökonomie u.a. – allmählich überwunden wurden.

Im Feudalismus waren die weltlichen und kirchlichen Grundherren in erster Linie am Konsum des landwirtschaftlichen Überschusses interessiert. Sie verfügten weder über die technischen Kompetenzen, noch waren sie motiviert, sich mit der zweckrationalen Bewirtschaftung ihrer Güter zu beschäftigen. Ihr Ziel war es, möglichst viele Ressourcen aus der Landwirtschaft herauszupressen, um damit vor allem ihre ansehnlichen Militär- und Repräsentationsausgaben zu finanzieren. Aber auch die Leibeigenen hatten kein ausgeprägtes Interesse an einer Produktivitätssteigerung, da erzielte Überschüsse ja ohnedies in der Regel nur den Grundherren zugutekamen. Das sind die Hauptursachen für die geringen Innovationspotentiale des feudalistischen Gesellschaftssystems. Kulturelle, im Traditionalismus vormoderner Gesellschaften und religiöse Ursachen kommen hinzu.

Über lange geschichtliche Perioden hinweg, vom Niedergang des Römischen Reiches bis zur Neuzeit, veränderten sich die gesellschaftlichen Grundstrukturen kaum. Über viele Generationen blieben sie sich strukturell mehr oder weniger gleich. Sozialer Wandel fand, wenn überhaupt, nur im Schneckentempo statt, stimuliert vor allem durch die Machtkämpfe von Fürsten und Königen, Bevölkerungszunahme und Naturkatastrophen (zum sozialen Leben im Mittelalter siehe Duby 1992).

Erst durch einen nennenswerten Anstieg der Güternachfrage im Zusammenhang mit der Ausdehnung von militärischen Aktivitäten und dem Aufbau stehender Heere durch lokale und regionale Herrscher (Könige, Fürsten, Lehnsherren) begann sich die Situation allmählich zu wandeln. Vor allem eine verstärkte Nachfrage nach Waffen, Wolle und Stoffen zur Ausrüstung der Söldner, die Entwicklung neuer Techniken in der Landwirtschaft (Düngung und Mechanisierung) sowie der Aufschwung des Handels infolge der Erschließung neuer Handelswege und die damit sich ausdehnende Geldökonomie setzte zuvor unbekannte Wachstumsimpulse und Innovationspotentiale frei. Das führte zu einer nachhaltigen Dynamisierung der feudalistischen Wirtschaftsverfassung.

Dabei spielte auch die Krise des Handwerks und des städtischen Zunftwesens eine wichtige Rolle. Ein tiefgreifender Wandel des Handwerks wurde dadurch eingeleitet, dass einzelne, besonders geschäftstüchtige Handwerker aus dem strengen Ausbildungs-, Produktions- und Vertriebsreglement der Zünfte, die nahezu ein Monopol auf die handwerkliche Güterproduktion hatten, ausbrachen. Sie machten sich von den Zünften unabhängig und verfolgten zur Steigerung ihrer privaten Gewinne und zur Ausdehnung ihrer Absatzmöglichkeiten eigene wirtschaftliche Ziele.

Unter den Bedingungen des Zunftwesens – einer traditionellen Form der wirtschaftlichen und sozialen Organisation – entspricht dieses neue unternehmerische Handeln dem, was man in der Soziologie als *sozial abweichendes Verhalten* bezeichnet. Geltende gesellschaftliche Normen werden gebrochen und egoistische Nutzeninteressen setzen sich gegen das durch die Korporationen vertretene und verkörperte kollektive Interesse der städtischen Handwerker durch.

Mit diesen Differenzierungsprozessen bildeten sich neue ökonomische Funktionen heraus. Mit der Verschärfung von Konkurrenz, die die alten, auf Gleichheit der Lebensverhältnisse ausgerichteten Monopole der Zünfte ersetzte, wurden zudem neue Bedingungen wirtschaftlichen Handelns geschaffen. Traditionell geschlossene soziale Ordnungen wie die Zünfte erfuhren dadurch eine folgenreiche Öffnung, wodurch für unternehmerisches Handeln ungeahnte Handlungsoptionen und -spielräume geschaffen wurden. Das setzte zuvor unbekannte Produktivitäts- und Innovationspotentiale frei. Allmählich entstanden größere Handwerksbetriebe, die sich nicht mehr nur auf herkömmliche Absatzmöglichkeiten verließen, sondern eine innovative Vermarktung ihrer Produkte anstrebten. So konnten Überschüsse erzielt werden, die über den täglichen Bedarf zur Lebenssicherung teilweise weit hinausgingen. Das ermöglichte wiederum die Akkumulation von Kapital, und zwar in einem sehr viel größeren Maßstab als je zuvor, nämlich durch Vergrößerung der Unternehmen sowie durch Investition von Kapital in neue Produkte und Produktionstechniken sowie durch die Entwicklung neuer Märkte.

In diesem Zusammenhang entstand eine neue Klasse von Unternehmern, das städtische Bürgertum. Es gehörte zu den wichtigsten und dynamischsten sozialen Trägergruppen der modernen kapitalistischen Wirtschaftsform. Bürgerliche Unternehmer kamen freilich nicht nur aus dem Handwerk. Auch einige Gutsherren verwandelten sich in Agrarunternehmer, und durch staatliche Wirtschaftsaktivitäten, die seit dem 17. Jahrhundert deutlich zunahmen, wurden die unternehmerische Initiative und eine darauf gründende Wirtschaftsphilosophie und -praxis auch durch den neuen zentralisierten Territorialstaat gefördert. Frankreich tat sich dabei in der Epoche des Absolutismus im 17./18. Jahrhundert besonders hervor; es wurde zum Vorbild für viele europäische Staaten. Der Absolutismus wurde so zu einem Motor für die Entwicklung des modernen Kapitalismus.

Die Herausbildung des modernen Kapitalismus, fasst der französische Sozialhistoriker Henri Pirenne die Entwicklung zusammen (Pirenne 1974, S. 205),

> „[...] wird durch eine neue Klasse ausgelöst, die während der Umwandlung der Stadtwirtschaft unter dem Einfluss der Zünfte hochkommt [...] Die Parvenus dagegen sind Kapitalisten, die unbeschwert von der Tradition sich der neuen Lage anzupassen vermögen. Größtenteils sind es ehemalige Vertreter, Handelsagenten, gelegentlich auch reiche Handwerker, denen die Entwicklung des Kriegsgeschäftes, der Spekulation und des Geldumlaufes die Möglichkeit zu einer Karriere eröffnet hatte. Andere wieder haben sich im Dienste der Fürsten bereichert und suchen nun nach Gelegenheit, ihr Vermögen in Geschäften anzulegen."

Die Ursprünge des Wandlungsprozesses der ländlichen und der städtischen Wirtschaftsstruktur reichen bis in das 12. Jahrhundert zurück, in die Zeit der Genese der mittelalterlichen Städte, ausgehend von Oberitalien. Im Laufe der Jahrhunderte verändern sich seitdem sowohl die Verkehrsstrukturen mit ihren Handelswegen und Kommunikationsformen, das gesamte Geld- und Kreditwesen, die soziale Verfassung der Grundherrschaft und der Leibeigenschaft, die Struktur der Städte, die Kaufleute und das Bürgertum, die Rechts- und Institutionenstruktur, die Handelswaren und die Produktionstechniken sowie die kommunalen und dann auch staatlichen Interventionen grundlegend. Das gesamte Wirtschaftsleben erfährt dadurch eine radikale Umbildung, wie es die Geschichte zuvor noch nicht erlebt hatte.

Als grundlegend für das *soziologische* Verständnis der modernen Ökonomie, ihrer gesellschaftlichen Voraussetzungen und langfristigen Wirkungen erweisen sich vor allem die bahnbrechenden Analysen zur Entstehung und Funktionsweise des modernen Kapitalismus von Karl Marx. Er wurde zu einem der wichtigsten Theoretiker des modernen Kapitalismus, zugleich zu einem seiner scharfsinnigsten Kritiker.

Marx wurde 1818 in Trier geboren und verbrachte den größten Teil seines Lebens im Exil in Frankreich, Belgien, zuletzt in England, wo er 1883 in London starb.

Für Marx war die Entwicklung des kapitalistischen Unternehmertyps, insbesondere in Verbindung mit der Herausbildung der industriellen Produktionsweise, bei der u.a. wissenschaftliche Erkenntnisse und technologische Innovationen (u.a. Dampfmaschine, Elektrizität) gezielt für eine Steigerung der ökonomischen Produktivität eingesetzt wurden, eine wesentliche Triebkraft jenes historischen Wandels, der zur Überwindung des mittelalterlichen Feudalismus führte und die kapitalistische Wirtschaftsform hervorbrachte. Karl Marx sah darin eine ambivalente Dynamik am Werk, die zugleich positive und negative Wirkungen zeitigte. Auf der einen Seite begrüßte er geradezu begeistert die revolutionäre Rolle, welche die Bourgeoisie, d.h. das Finanz- und Industrieunternehmertum, bei der Hervorbringung der neuen kapitalistischen Ökonomie spielte. In einem denkwürdigen Passus des *Manifests der Kommunistischen Partei* aus dem Jahre 1848, das Marx zusammen mit seinem engsten Freund und Mäzen Friedrich Engels (1820-1895) verfasste, heißt es dazu:

> „Die Bourgeoisie, wo sie zur Herrschaft gekommen, hat alle feudalen, patriarchalischen, idyllischen Verhältnisse zerstört. Sie hat die buntscheckigen Feudalbanden, die den Menschen an seine natürlichen Vorgesetzten knüpften, unbarmherzig zerrissen und kein anderes Band zwischen Mensch und Mensch übriggelassen als das nackte Interesse, als die gefühllose ‚bare Zahlung'. Sie hat die heiligen Schauer der frommen Schwärmerei, der ritterlichen Begeisterung, der spießbürgerlichen Wehmut in dem eiskalten Wasser egoistischer Berechnung ertränkt. Sie hat die persönliche Würde in den Tauschwert aufgelöst und an die Stelle der zahllosen verbrieften und wohlerworbenen Freiheiten die *eine* gewissenlose Handelsfreiheit gesetzt. Sie hat, mit einem Wort, an die Stelle der mit religiösen und politischen Illusionen verhüllten Ausbeutung die offene, unverschämte, direkte, dürre Ausbeutung gesetzt." (Marx/Engels 1972, S. 28).

Marx und Engels sehen also in der Herausbildung der Bourgeoisie eine revolutionäre Klasse, die die alten, aus dem Feudalismus überkommenen Wirtschafts- und Sozialstrukturen tiefgreifend verändert und dadurch wesentlichen Anteil an der Entwicklung der modernen Gesellschaft hat. In wirtschaftlicher Hinsicht wird diese Gesellschaft vor allem von der Eigengesetzlichkeit des Marktes und der Konkurrenz bestimmt.

Auf der anderen Seite wiesen Marx und Engels aber auch auf die zerstörerischen Kräfte und explosiven sozialen Widersprüche hin, die dem modernen Kapitalismus innewohnen. Ihre Aufmerksamkeit galt daher nicht nur den ökonomischen Gesetzmäßigkeiten der neuen kapitalistischen Wirtschaftsverfassung. Vielmehr interessierten sie sich auch für die gesellschaftlichen Konsequenzen der allgemeinen Durchsetzung dieser, auf Kapitalerweiterung und Profit ausgerichteten Wirtschaft.

Marx' und Engels' Hauptaufmerksamkeit galt dabei dem grundlegenden sozialen Konflikt im Kapitalismus, dem *Klassenkampf*. Ihrer Analyse zufolge sind anhaltende und dramatische soziale Konflikte der neuen Wirtschaftsstruktur inhärent. Sie werden in erster Linie vom Antagonismus zwischen Kapital auf der einen und den Arbeitern – dem Proletariat – auf der anderen Seite bestimmt. Marx und Engels sahen in diesen beiden sozialen Großgruppen, die mit der Durchsetzung und Entfaltung des Kapitalismus die alten Eliten, Adel und Klerus, zunehmend verdrängten und an gesellschaftlicher Macht und Gewicht gewannen, die zwei Hauptkontrahenten. Stellen für Marx und Engels die Klassenkämpfe das fundamentale soziale Spaltungselement der „Geschichte aller bisherigen Gesellschaft", wie es im Kommunistischen Manifest heißt, dar, so zeichnete sich die moderne Epoche dadurch aus, dass „sie die Klassengegensätze vereinfacht hat". Die ganze Gesellschaft teilt sich Marx und Engels zufolge nämlich mehr und mehr in zwei große feindliche Lager, in zwei große, einander unversöhnlich gegenüberstehende Klassen: der Bourgeoisie und dem Proletariat.

Hinzu kommt, dass das Kapital für Marx nicht nur eine rein ökonomische Größe darstellt, wie er detailliert in seinem Hauptwerk „Das Kapital", dessen erster (und einziger von Marx selbst veröffentlichter) Band 1867 erschien, darstellt; es geht auch nicht nur um einen rein wirtschaftlichen Interessenkonflikt zwischen der Arbeiterschaft auf der einen und den Unternehmern auf der anderen Seite. Vielmehr sieht er darin ein sämtliche politische und gesellschaftliche Verhältnisse tief prägendes soziales Spannungsverhältnis. Der Kapitalismus wird insofern nicht nur als eine Wirtschaftsform beschrieben, sondern darüber hinaus als eine neue gesamtgesellschaftliche Herrschaftsstruktur. Diese prägt auch nachhaltig die anderen Funktionsbereiche der modernen Gesellschaft, wie etwa den Staat, die Kultur, die Wissenschaft, von Marx als „Überbau" bezeichnet. Besonders aufgrund dieser, gegenüber dem engeren ökonomischen Problemverständnis erweiterten Perspektive auf gesamtgesellschaftliche und politische Prozesse gilt Marx als einer der wichtigsten Begründer der politischen Soziologie im 19. Jahrhundert.

Aber Marx ging es bei seiner Kapitalismuskritik nicht zuletzt auch um politisch-ethische Fragen Diese sah er in erster Linie darin begründet, dass die Arbeiter vom Kapital „ausgebeutet" werden, indem sie durch ihre Arbeitsleistung eine höheren Wertertrag hervorbringen als sie in Form des Lohnes erhalten. Den Überschuss – den „Mehrwert" in der Terminologie von Marx – behält der Unternehmer für sich und akkumuliert so Kapital. Marx' gesamtes Lebenswerk zielte darauf ab, die These, dass die Lohnarbeiter durch das Kapital ausgebeutet würden, theoretisch und empirisch zu entfalten und zu erhärten, und das mit geradezu naturwissenschaftlicher Akribie. Darauf stützte sich schließlich auch sein revolutionäres Emanzipationsprogramm, das auf die Verwirklichung des Sozialismus bzw. Kommunismus abzielte, mithin auf eine gerechteren und solidarischen Welt unter der Führung der Arbeiterklasse. Das Kapitalverhältnis hielt Marx in ethischer Hinsicht prinzipiell für verwerflich, und zwar paradoxerweise gemessen genau nach Maßgabe jenes bürgerlichen Weltbildes, das im Naturrecht und in der Aufklärung gipfelte. Der politischen Mobilisierung und pädagogischen Aufklärung des zu seinen Lebzeiten im Entstehen begriffenen Industrieproletariats widmet Marx dementsprechend seine politisch-publizistischen Hauptaktivitäten. Er verstand sich selbst keineswegs als reiner Wissenschaftler, schon gar nicht als politisch neutralen Soziologen, sondern als politischen Revolutionär mit einer Mission zur Welterneuerung. Das von ihm entwickelte philosophisch-ökonomische Denkgebäude sollte der theoretischen Begründung des Anspruchs der Arbeiterklasse auf soziale Reformen und politische Emanzipation dienen. Es sollte ihr aber vor allem auch den Weg zur revolutionären Praxis und in der Folge zur Errichtung eines völlig neuen Gesellschaftstypus, der „Diktatur des Proletariats" und des Sozialismus aufzeigen – einer Art goldenen Zeitalters.

Lässt man diese normativen und utopischen Inhalte des Marx'schen Denkens beiseite und vergewissert man sich des soziologischen Gehalts seines Werkes im engeren Sinne, dann wird deutlich, dass Marx im Klassenkampf, also in einem gesellschaftlichen Grundkonflikt, und in der sozialistischen Revolution, einem sozio-politischen Systemwechsel, die zentralen Triebkräfte der gesellschaftlichen und ökonomischen Modernisierungsdynamik sah.

Der Beitrag dieser Theorie zur soziologischen Analyse der modernen Gesellschaft ist also darin begründet, dass Marx zunächst den radikalen Strukturbruch, der im Laufe des 18. und 19. Jahrhunderts im Bereich der Ökonomie erfolgte, theoretisch-konzeptionell zu fassen versuchte. Sein Hauptaugenmerk galt den besonderen Mechanismen der auf Kapital basierenden ökonomischen Produktionsweise. Er untersucht das kapitalistische Wirtschaftssystem und dessen innere Mechanik nicht nur aus einem wirtschaftstheoretischem Erkenntnisinteresse. Vielmehr beschäftigt er sich mit dieser neuen Wirtschaftsform, weil er darin, wie wir sahen, ein sozialethisch prinzipiell illegitimes Ausbeutungsverhältnis sah, das mit einer fatalen Entfremdung und Verdinglichung des Menschen einhergeht. Dazu gehört auch die Natur- und Umweltzerstörung durch die energiehungrige und rücksichtslose kapitalistische Wachstumslogik prangerte er an, was ihn als einen frühen Theoretiker der Ökologiebewegung ausweist (Schmidt 1974). Der Gegenstand seiner soziologischen Analyse ist aber in erster Linie das Kapital, und zwar als ökonomisches *und* zugleich als soziales Verhältnis. Auf dieser Grundlage entwickelte Marx dann, wie wir sahen, seine Revolutionstheorie, die weltweit viele sozialistische und kommunistische Bewegungen im 19. und 20. Jahrhundert inspirierte und später dann zur Legitimationsideologie kommunistischer Staaten wurde, darunter der Sowjetunion, der Volksrepublik Chinas, der Kubas und auch der DDR. Im Kern geht es dabei um das bereits erwähnt Klassenverhältnis. Aufgrund des fundamentalen Interessengegensatzes zwischen den beiden Hauptklassen, dem Proletariat und der Bourgeoisie und strukturellen Unterschiede in der sozialen Stellung ihrer Mitglieder bestimmen sie die zentrale sozialen Konfliktdynamik der modernen Gesellschaft in ihrer industriekapitalistischen Entwicklungsphase.

Marx' Theorie hat auch außerhalb des politischen Feldes eine breite Resonanz erfahren, darunter besonders in den Sozialwissenschaften und in der Philosophie. Es gab aber natürlich auch Kritiker. In den Fokus der sozialwissenschaftlichen Kritik gerieten besonders die utopischen Inhalte sowie das damit eng verbundene politisch-revolutionäre Programm dieses gesellschaftstheoretischen Entwurfs. Wenn auch vieles, was Karl Marx vorhergesagt hatte, nicht eingetroffen ist, darunter etwa der Untergang des Kapitalismus infolge von Überproduktionskrisen, so trug seine Analyse doch wesentlich zum Verständnis zentraler Strukturmerkmale der modernen Gesellschaft bei. Dazu ist die Bedeutung des sog. industriellen Konflikts, der in Europa bis in die späten siebziger Jahre des 20. Jahrhunderts virulent war und die öffentliche soziale Auseinandersetzung wesentlich beherrschte, zu rechnen. Damit legte Karl Marx auch die theoretischen Fundamente für eine der historisch wirkungsmächtigsten Debatten über die Probleme und Perspektiven *sozialer Ungleichheit* in der industriellen Gesellschaft. Keine moderne Gesellschaftstheorie erreichte bisher eine vergleichbare Bedeutung und Reichweite bei der Kritik der kapitalistischen Gesellschaftsordnung (vgl. Dahrendorf 2005, S. 58–73).

Der zweite grundlegende theoretische Beitrag zum Verständnis der modernen Ökonomie, den Karl Marx leistete und auf den sich viele Nachfolger stützten,

Kritiker wie Apologeten, betrifft die Frage der spezifischen kapitalistischen Handlungs- und Verwertungslogik. Werner Sombart, ein deutscher Nationalökonom und Soziologe, der sich in seinen Studien ebenfalls mit jenen Kräften befasste, die zur Herausbildung des modernen Kapitalismus geführt hatten, bezeichnete die grundlegende Triebkraft dieser Wirtschaftsform als „ökonomischen Rationalismus".

Die Begriffe Rationalität, respektive Rationalismus haben in den Sozialwissenschaften vielerlei Bedeutungen. Dabei geht es nur um einen spezifischen Mechanismus, um den, der der Handlungslogik des kapitalistischen Wirtschaftens zugrunde liegt. Dabei offenbart sich eine spezifische unternehmerische Motivation, die darin besteht, dass Geldmittel investiert werden, um Gewinne und Profite zu erwirtschaften. Durch diese Operation wird Geld zu Kapital und die Anlage mündet idealerweise in einer Kapitalakkumulation, einer Vergrößerung des Kapitalstocks durch Renditen. Es ist also eine spezifische Nutzenorientierung des Handelns, das dieser Handlungslogik zugrunde liegt. Was uns im Grunde als völlig selbstverständlich und ganz natürlich erscheint, nämlich die Tatsache, dass ökonomische Ressourcen primär zum Zwecke der Investition unter Rentabilitätsgesichtspunkten und letztendlich mit dem Ziel der Akkumulation von Kapital verwendet werden, und nicht einfach nur unmittelbar konsumiert werden, verstand sich in vormodernen Epochen keineswegs von selbst. Erst eine rationale Orientierung an Gewinnmaximierung ermöglicht ein kontinuierliches ökonomisches Wachstum, das zwar immer wieder mal von ökonomischen Krisen unterbrochen wird, aber letztlich zu einem selbsttragenden, einem eigengesetzlichen Momentum wird. Außerdem ist dieser Logik wirtschaftlichen Handelns eine eigene expansive Dynamik inhärent. Immer mehr Märkte und Erdteile werden dem aus der Konkurrenz und dem Gewinnstreben erwachsenden „Zwang der ökonomischen Verhältnisse" (Marx) unterworfen. Das Profitinteresse wird allmählich zum tragenden Prinzip und zum Selbstzweck praktisch aller wirtschaftlichen Unternehmungen. Die grundlegende Bedeutung von unternehmerischen Aktivitäten in der modernen Wirtschaft kann man nur angemessen verstehen, wenn man dieser Logik des „ökonomischen Rationalismus" Rechnung trägt. Auf Grundlage dieser Erkenntnisse kann man in Anlehnung an Werner Sombart den Kapitalismus zusammenfassend als ein spezifisches ökonomisches System mit folgenden Eigenschaften definieren: Es basiert auf einer Tauschökonomie, in der zwei Bevölkerungsgruppen durch den Markt vereint zusammenarbeiten, die Eigentümer der Produktionsmittel, die zugleich die Leitung der Produktionsprozesse innehaben, und die besitzlosen Arbeiter. Im kapitalistischen Verwertungsprozess dominieren das Profitprinzip und der Rationalismus, die Logik der Gewinnmaximierung.

Die Entstehung des modernen Kapitalismus war historisch betrachtet in erster Linie das Werk von Neuerern, die, wie weiter oben ausgeführt, aus unterschiedlichen gesellschaftlichen Schichten der feudalen Gesellschaft stammten, aber eine bestimmte Handlungsorientierung gemeinsam hatten: Sie gaben sich nicht damit zufrieden, die üblichen Dinge auf gewöhnliche, konventionelle Weise zu tun, um die Früchte ihrer Arbeit zu genießen und ein möglichst angenehmes Leben zu führen. Stattdessen experimentierten sie mit innovativen ökonomischen und sozialen Praktiken und Techniken, um ihre Geschäftskreise zu erweitern und die eigenen Unternehmen und damit ihr Kapital zu vergrößern. Die kapitalistischen Unternehmer bezeichnet der österreichische Ökonom Joseph A. Schumpeter als "Erneuerer" auf wirtschaftlichem Gebiet. Ihre Funktion bestand darin, „die Produktionsstruktur zu reformieren oder zu revolutionieren, entweder durch die Ausnützung einer Erfindung oder, allgemeiner, einer noch unerprobten technischen Möglichkeit zur Produktion einer neuen Ware bzw. zur Produktion einer alten auf eine neue Weise, oder durch die Erschließung einer neuen Rohstoffquelle oder eines neuen Absatzgebietes oder durch die Reorganisation einer Industrie usw. (Schumpeter 1993, S. 214)

Historisch leisteten die neuen Unternehmer damit einen entscheidenden Beitrag zur Auflösung überkommener, der Modernisierung entgegenstehender sozialer und wirtschaftlicher Strukturen. Die neue Klasse der kapitalistischen Unternehmer wirkte als eine Art von ökonomischer und kultureller Modernisierungselite. Sie leitete einen Prozess der „schöpferischen Zerstörung" (Schumpeter) ein, indem sie traditionelle Produktionsweisen und Hemmnisse aus dem Weg räumte. Auch dieser Mechanismus ist fundamental, um die kapitalistische Produktionsweise zu verstehen. Sie hält ihn durch ständige Produktinnovationen (man denke heute nur Handys, Laptops, Computerspiele und Internet), neue Produktionstechnologien (u.a. Chip- und Nanotechnologie, Industrieroboter) und durch eine ständige Erweiterung der Massenkonsummärkte (etwa in Osteuropa oder in den Schwellenländern) in Gang. Dazu schreibt Schumpeter: „Der fundamentale Antrieb, der die kapitalistische Maschine in Bewegung setzt und hält, kommt von den neuen Konsumgütern, den neuen Produktions- und Transportmethoden, den neuen Märkten, den neuen Formen der industriellen Organisation, welche die kapitalistischen Unternehmen schaffen [...]. Die Eröffnung neuer, fremder oder einheimischer Märkte und die organisatorische Entwicklung vom Handwerksbetrieb und der Fabrik zu solchen Konzernen wie dem U.S.-Steel illustrieren den gleichen Prozess einer industriellen Mutation [...], der unaufhörlich die Wirtschaftsstruktur *von innen heraus* revolutioniert, unaufhörlich die alte Struktur zerstört und unaufhörlich eine neue schafft. Dieser Prozess der ‚schöpferischen Zerstörung' ist das für den Kapitalismus wesentliche Faktum." (Schumpeter 1993, S. 137).

Marx hat also viele spätere Autoren dazu angeregt, die Bewegungsgesetze des Kapitalismus näher zu untersuchen und damit unser Verständnis der Funktionsweise der modernen Wirtschaft zu vertiefen. Marx gilt als einer der bedeutendsten und wirkungsmächtigsten Theoretiker des modernen Kapitalismus. Mit seiner umfassenden Analyse der Grundlagen und Funktionsweise der kapitalistischen Gesellschaft, so lässt sich unsere Darstellung zusammenfassen, wollte er den Menschen einen Weg in eine Zukunft ohne Ausbeutung, zwischenmenschlicher Entfremdung, Armut und politischer Unterdrückung aufzeigen. Das blieb freilich eine Utopie. Aber mit seiner großangelegten Kapitalismuskritik leistete er einen bahnbrechenden Beitrag zum Verständnis der wirtschaftlichen Struktur und gesellschaftlichen Dynamik der modernen Gesellschaft. Deshalb gehört er auch in die Ahnenreihe der großen Soziologen des 19. Jahrhunderts.

Diskussionsfragen

- Was bedeutet „modern" in soziologischer Hinsicht?
- Aus welchen Gründen wird die Soziologie als Wissenschaft der modernen Gesellschaft bezeichnet?
- Worin liegen die Haupttriebkräfte für die Dynamik des permanenten gesellschaftlichen Wandels in der Moderne?
- Welche sind soziologisch relevante Aspekte der Marx'schen Analyse der bürgerlichen Gesellschaft und des modernen Kapitalismus?
- Welchen Beitrag zum Verständnis der modernen Gesellschaft leistete Karl Marx mit seinem Werk?

Kapitel 2: Adam Smith und Thomas Hobbes

> **Zusammenfassung**
>
> Wie sich die Industrie immer weiter differenziert, so spezialisiert und individualisiert sich auch die Gesellschaft. Märkte entstehe und die Religion verliert an Bedeutung. Das wirft die Frage nach den Voraussetzungen gesellschaftlicher Ordnung unter Modernitätsbedingungen auf. Lange Zeit haben in der Gesellschaftstheorie vor allem zwei grundlegende Gegenpositionen die entsprechende Theoriedebatte beherrscht. Auf der einen Seite der Sozialphilosoph und Staatstheoretiker Thomas Hobbes mit seinen Vertragstheorien, auf der anderen Seite der schottische Moralphilosoph und Nationalökonom Adam Smith. Hobbes setzt auf den Staat, Smith auf den Markt als Basisinstitution der sozialen Integration.

Neben dem im vorausgegangenen Kapitel behandelten ökonomischen Rationalismus ist die zunehmende Arbeitsteilung als ein weiteres grundlegendes Strukturmerkmal moderner Gesellschaften zu betrachten. Damit einher geht eine zunehmende Vervielfältigung, Trennung und Aufspaltung von Funktionen in den verschiedensten gesellschaftlichen Bereichen, wofür auch der Begriff „funktionale Differenzierung" steht. Eine folgenreiche Eigenart dieses Prozesses ist die ausgeprägte Tendenz von funktional differenzierten Einheiten zur Verselbständigung und Eigendynamik. Insgesamt differenzieren sich auch auf gesamtgesellschaftlicher Ebene die sozialen Systeme aus, die sich dann in weitere Teilsysteme, Subeinheiten und Organisationen untergliedern. Die Religion, die Ökonomie, die Politik, das Recht, die Wissenschaft, um nur die wichtigsten Funktionssysteme zu nennen, bilden eigene, stellen mehr oder weniger geschlossene Handlungszusammenhänge dar, die sich voneinander nach ihrer je spezifischen Operationslogik unterscheiden und damit voneinander abgrenzen. So untergliedert sich beispielsweise das Wissenschaftssystem in eine Vielzahl von Subeinheiten, den einzelnen wissenschaftlichen Disziplinen und Schulen. Diese bringen wiederum mehr oder weniger selbstständige Organisationseinheiten wie Universitäten, Forschungszentren, Forschergruppen etc. hervor. Obwohl sie der Wissenschaft als einer größeren Systemeinheit angehören, die wiederum Teil des übergeordneten Gesellschaftssystems ist, unterscheiden sich die einzelnen Disziplinen nach Gegenstand, zentralen Problemstellungen und Methoden. Dabei bilden sich eigenständige Wissenschaftskulturen aus. Ähnliche Prozesse lassen sich bei der Entwicklung von Organisationen im Bereich des sonstigen gesellschaftlichen Lebens feststellen, etwa im Gesundheitssystem oder im Verkehrssystem. Es entstehen immer mehr neue Subeinheiten, Organisationen und Institutionen mit je eigenen Programmcodes und Operationsweisen. Sie übernehmen unterschiedliche Aufgaben und erfüllen jeweils spezielle Funktionen. Dementsprechend übernehmen Wirtschaftsunternehmen, politische und andere Verbände, Parteien, Krankenhäuser, Fachärzte, Schulen, Medien usw. je eigene Funktionen in der Gesellschaft. Außerdem gliedern sich auch die spezialisierten Arbeitstätigkeiten und Berufe weiter auf. Dadurch kommt ein Prozess der quasi unendlichen Ausdifferenzierung in Gang.

Soziale Differenzierungsprozesse lassen sich darüber hinaus auch bei den Lebensstilen und kollektiven Wertorientierungen feststellen. Selbst im Bereich der Werte und Normen existieren zahlreiche voneinander unterschiedene, teils im Gegensatz zueinanderstehende, teils überlappende Weltanschauungen und Ordnungsvorstellungen. Orientierung im religiös-spirituellen Bereich bieten hauptsächlich die Kirchen und Sekten, heutzutage aber auch Zivilreligionen, mithin säkularisierte Heilsbewegungen, wie die New Age oder Yoga-Schulen (vgl. Knoblauch 2009). Davon wiederum lassen sich Religionsgemeinschaften unterscheiden, die als Sekten, Denominationen oder andere religiöse Gemeinschafts- und Kultusformen wirken, wie etwa die in Lateinamerika und Asien populäre Pfingstkirchen. Deren Bekenntnisse und Rituale sind oft sehr unterschiedlich. Einen Anspruch auf verbindliche Sinndeutung und Wertbindung erheben aber neben den Kirchen, deren früheres Monopol auf religiöse Sinndeutung sich im Laufe der vergangenen Jahrzehnte immer mehr verflüchtigt hat, auch noch eine Vielzahl anderer, säkularisierter Institutionen und Weltanschauungen. An erster Stelle wäre hier übrigens an die Wissenschaften selbst zu denken, die aber aufgrund ihrer Ausrichtung gänzlich auf das Diesseits, dem für sie unverzichtbaren Zweifel und der immer kleinteiligeren Spezialisierung der Forschung, auf letzte, existenzielle, den Tod, das Leiden oder auch den Wert des Lebens betreffende Sinnfragen keine schlüssige Antwort zu geben vermögen. Auch das politische System und die öffentlichen politischen Diskurse, mit ihren das Gemeinwohl betreffenden Deutungsangeboten, sind mit der Säkularisierung in wachsendem Maße als Sinnstifter an die Stelle der religiösen Heilsversprechen getreten (vgl. Habermas 2006). Auch die im Zusammenhang der Corona-Pandemie viel diskutierten Verschwörungsideologien gehören in dieses Spektrum ausdifferenzierter Sinnangebote (vgl. Butter 2018). Soziologisch betrachtet leisten sie alle – ob wissenschaftlich begründet oder nicht, ob an empirischen Fakten, philosophischen Wahrheiten, Mythen oder Meinungen orientiert – leisten zusammen einen fundamental wichtigen Beitrag zur gesellschaftlichen Selbstverständigung über grundlegende ethische, soziale und politische Sinnfragen (vgl. Arendt 1987).

Aus welchem Blickwinkel wir unsere Gesellschaft auch betrachten, wir finden überall eine schier unüberschaubare Vielzahl von Differenzierungen hinsichtlich kognitiver Orientierungen, gesellschaftlicher Praktiken und institutioneller sowie organisierter Einheiten vor. Hinzu kommt, dass dieser Prozess beständig fortschreitet. Zugrunde liegt ihm im Kern die Trennung und Abgrenzung von Einzelfunktionen nach Maßgabe von Spezialisierungen und Funktionsteilungen. Nie zuvor in der Geschichte der Menschheit vollzogen sich Differenzierung und Spezialisierung in einer derart rasanten Weise, wie in der modernen Gesellschaft. Des geschieht mit ansteigender Frequenz in unserer Gegenwart, der post-industriellen Spätmoderne, die immer mehr auch die Individuen dazu drängt, in ihrem Lebensstil Einzigartigkeit und Singularität zu manifestieren (vgl. Reckwitz 2017). Spezialisierung und Differenzierung sind die Haupttriebkräfte für den beständigen gesellschaftlichen Wandel, ein Prozess, der selbst die Nachfrage nach neuen Sinnangeboten ständig ankurbelt, weil durch ihn althergebrachtes Wissen und entsprechende Gewissheiten dauernd infrage gestellt, wenn nicht gar entwertet werden. Es ist daher nicht verwunderlich, dass die Differenzierungstheorie einen der Hauptstränge der soziologischen Gesellschaftstheorie bildet (vgl. Schimank 2007).

Ein entscheidendes Motiv für permanente Differenzierung liegt darin, dass sich durch funktionale Spezialisierung eine Leistungssteigerung erzielen lässt. Soziale Differenzierung gilt deshalb als ein grundlegendes Strukturprinzip effizienter Kooperation und ökonomischer Rationalität. Das Modell dafür ist die ökonomische Arbeitsteilung: Durch auf wenige Funktionen begrenzte Handlungsziele, durch die Konzentration der Kraftaufwendung auf einfache und wiederholbare Arbeitsvollzüge lässt sich in der Regel ein größerer Leistungsertrag erzielen.

Bereits das Mittelalter kannte berufliche Spezialisierung in vielen Varianten. Insbesondere die handwerklichen Berufe, wie auch die zahlreichen Zünfte, Gilden und Genossenschaften – der Schuster, Bäcker, Fischer, Metzger, Kürschner, Schmied, die Kaufleute usw. – in den mittelalterlichen Städten zeigt, wiesen bereits ein hohes Maß an funktionaler Differenzierung auf. Doch jedes dieser Handwerke umfasste noch ein relativ komplexes und in sich einheitliches berufliches Tätigkeitsfeld. Der einzelne Handwerker fertigte in der Regel nicht nur Teilprodukte an, sondern noch vollständige Produkteinheiten, der Schuster ganze Schuhe und der Tischler komplette Schränke und Stühle, nicht nur Einzelteile. Sie verfügten daher auch noch über relativ umfassende Fertigkeiten und besaßen zumeist die erforderlichen Werkzeuge selbst. Erst die industrielle Revolution, die sich im Laufe des 19. Jahrhunderts in England durchsetzte, führte zu einer manufaktur- und später dann fabrikförmigen Arbeitsorganisation. Diese beruhten auf einer bis dahin unüblichen, immer kleinteiligeren Zerlegung von Arbeitstätigkeiten und Funktionen.

Die klassische Schilderung der Vorzüge einer arbeitsteiligen Produktion stammt von Adam Smith (1723–1790), dem Begründer der Nationalökonomie. Am Beispiel der manufakturmäßigen Herstellung von Nadeln veranschaulicht er die Faszination, die von dieser neuartigen Arbeitsorganisation ausging und im Grunde bis heute die ständige Perfektionierung des Verfahrens der Arbeitszerlegung anstachelt:

> „Ein Arbeiter, der die Nadelherstellung [...] nicht erlernt hat [...], kann an einem Tag selbst mit größtem Fleiß vielleicht kaum eine Nadel, sicherlich nicht zwanzig Stück produzieren. Aber in der Form, in der die Nadelherstellung jetzt betrieben wird, stellen nicht nur die Produktion als Ganzes, sondern gleicherweise auch die Mehrzahl ihrer Teiloperationen besondere Gewerbe dar. Ein Arbeiter zieht den Draht, ein anderer richtet ihn, ein dritter zerschneidet ihn, ein vierter spitzt ihn zu, ein fünfter schleift das obere Ende, damit der Kopf angebracht werden kann. Dessen Herstellung erfordert auch zwei oder drei bestimmte Operationen. Seine Befestigung ist ein besonderer Arbeitsgang, das Reinigen der Nadel ein anderer. Sogar das Verpacken der Nadeln ist ein eigener Tätigkeitsbereich. Auf diese Weise zerfällt das wichtige Gewerbe der Herstellung einer Nadel in etwa 18 besondere Operationen, die in einigen Manufakturen alle von verschiedenen Arbeitern verrichtet werden." (Smith 1990, S. 9f.).

Smiths Beschreibung dieser neuen Arbeitsorganisation betont besonders deren funktionale Optimierungspotenzial: Im höheren Niveau der beruflichen Arbeitsteilung sieht der schottische Moralphilosoph und Ökonom eine entsprechend höhere Arbeitseffizienz und -effektivität. Das verdeutlicht der Vergleich hinsichtlich der Produktivität einer Manufaktur mit zehn Beschäftigten mit derjenigen eines einzelnen Arbeiters:

> „Hätten sie [...] alle einzeln und unabhängig voneinander gearbeitet, [...] sie hätten gewiss nicht den 240. und vielleicht noch nicht einmal den 4.800. Teil dessen produziert, was sie jetzt im Ergebnis einer zweckmäßigen Teilung und Kombination ihrer verschiedenen Operationen herstellen können." (ebd.)

Zu Beginn des 20. Jahrhunderts erleben diese Errungenschaften dann einen ihrer bahnbrechenden Höhepunkte im Fordismus, dem System der Arbeitsorganisation nach Frederick W. Taylor (1856–1915). Taylor hat die Fließbandproduktion erfunden, bei der die Arbeitsvorgänge in unendlich viele kleine Arbeitsschritte zerlegt werden. Diese Art von Prozesssteuerung wurde zur Grundlage für die industrielle Produktion von Massengütern, zuerst in der amerikanischen Automobilindustrie, allen voran in den Ford-Werke in Detroit.

Ähnliches gilt auch für die wissenschaftlichen Disziplinen, bei denen ein kontinuierlicher Erkenntnisfortschritt durch eine meist sehr eng begrenzte und im Laufe der Zeit immer detailliertere Fachspezialisierung erreicht wird. Auch der große Soziologe Max Weber glaubte an die Notwendigkeit der Spezialisierung. So bemerkte er 1919:

> „Nicht nur äußerlich, nein, gerade innerlich liegt die Sache so: dass der Einzelne das sichere Bewusstsein, etwas ganz Vollkommenes auf wissenschaftlichem Gebiet zu leisten, nur im Falle strengster Spezialisierung sich verschaffen kann [...]. Eine wirklich endgültige und tüchtige Leistung ist heute stets: eine spezialistische Leistung." (Weber 2002, S. 481f.).

Aus ökonomischer Sicht sind durch Arbeitsteilung und funktionale Differenzierung also Produktivitätsgewinne und gesteigerte Leistungserträge erzielbar. Aber worin liegt das soziologische Problem? In der Sozialphilosophie und in der Soziologie wird der gesellschaftliche Prozess der Differenzierung unter einem etwas anderen Gesichtspunkt thematisiert als in der Volkswirtschaftslehre: Im Mittelpunkt steht die Frage der sozialen Ordnung oder auch der sozialen Integration. Was heißt das? Auf allgemeinster Ebene kann man sich dieses Problem daran deutlich machen, dass sich mit zunehmender Arbeitsteilung und Spezialisierung das Problem stellt, wie, durch welche Mechanismen und Vorkehrungen gesellschaftliche Einheit und Solidarität gewährleistet werden kann. Mit anderen Worten: Stellt man das Phänomen der Differenzierung und Spezialisierung in einen breiteren gesellschaftlichen Zusammenhang, dann werden sogleich die Kehrseiten der Effizienzsteigerung deutlich. Denn es liegt auf der Hand, dass mit dem Grad der Differenzierung auch die Gefahren einer hypertrophen Komplexitätssteigerung, Isolation, Atomisierung, Entfremdung und soziale Desintegration stellt. Und damit wächst automatisch der Bedarf an Koordination zwischen den einzelnen Systemeinheiten und Funktionen. Außerdem wird dadurch tendenziell eine Zersplitterung und Auflösung des gesellschaftlichen Zusammenhangs bewirkt. Das lässt sich beispielhaft an Großorganisationen, wie multinationalen Unternehmen oder Staatsbürokratien, illustrieren. Je komplexer das Unternehmen, je differenzierter die organisatorische Binnenstruktur, also je mehr Abteilungen, Funktionen, Produktionsgänge und Dienstleistungen koordiniert und überwacht werden müssen, desto aufwendiger wird die Koordination des Gesamtunternehmens. Damit nehmen die Risiken des Steuerungsverlustes durch Aufsplittung und Verselbständigung der Einzelfunktionen zu. Gerade bei Großunternehmen versagen häufig die Hierarchien und die zentralen Führungsebenen werden in ihren Leitungs- und Steuerungsfunktionen geschwächt. Dezentrale Regulierung und Stärkung der Fähigkeit zur Selbstorganisation erweisen sich dann vielfach als erfolgversprechender, sprich: effizienter als übermäßig zentralisierte Kontroll- und Sanktionsmechanismen.

Überträgt man diese Überlegungen auf die Gesamtgesellschaft, z.B. die eines Nationalstaates, dann stellt sich ein vergleichbares Problem: Wie ist unter Bedingungen systemischer und funktionaler Gesellschaftsdifferenzierung und bei zunehmender Pluralisierung von Werten und Lebensstilen überhaupt soziale Kohäsion, Konvergenz und Solidarität verwirklichbar? Hier geht es also um die grundlegende Frage nach den Bedingungen zur Möglichkeit von gesellschaftlichem Zusammenhalt. Dabei steht die grundsätzliche Frage nach den ethischen und moralischen Bindekräften der modernen Gesellschaft zur Debatte. Was tritt an die Stelle eines einheitlichen, für alle verbindlichen übergeordneten Sinn- und Ordnungszusammenhanges, wie er etwa weitgehend noch im christlichen Mittelalter existierte? Was kann die ordnungsstiftende Kraft des verloren gegangenen, sämtliche Lebensbereiche überspannenden Baldachin, der in vormodernen Zeiten die Allgegenwart Gottes und zugleich die weltliche Disziplinarmacht der Papstkirche symbolisierte (vgl. Soeffner 2000), ersetzen? Was kann unter den Bedingungen von differenzierten Wertordnungen und Lebensstilen der drohenden Erosion der sozio-moralischen Bindekräfte wirksam entgegenwirken? Oder andersherum gefragt: Bewirkt die zunehmende Individualisierung tatsächlich allgemeine moralische Zerrüttung, Entsolidarisierung und Desintegration?

Das Ordnungsproblem gehört zu den zentralen Fragestellungen der Soziologie. Wie aber wird das Problem theoretisch gefasst, und welche Antworten geben uns die Klassiker der Gesellschaftstheorie? Vorab sei darauf hingewiesen, dass wir es dabei mit einem rein theoretischen Problem zu tun haben. Denn in der Realität sind die meisten Gesellschaften, natürlich auch die modernen, ganz überwiegend praktisch geordnete, relativ stabile und relativ gut funktionierende, im soziologischen Sinn: *sozial integrierte* Gesellschaften. Desintegration kommt nur sehr selten vor. Es gibt aber doch einige Beispiele für Systemkollaps, Chaos und Funktionsversagen, wie etwa beim Untergang des Römischen Imperiums oder des nationalsozialistischen Deutschlands. Zu denken wäre auch an die desintegrativen Prozesse in einigen Ländern Osteuropas als Folge des Zusammenbruchs der Sowjetunion, so beispielsweise in Albanien zu Beginn der 1990er Jahre. Und selbst heute noch beobachten wir gesellschaftliche Auflösungserscheinungen, etwa im Zusammenhang von Kriegen und Massenfluchtbewegungen – etwa im Zusammenhang des russischen Angriffskrieges auf die Ukraine – oder in Gesellschaften, in denen sich der Staat aufgelöst hat oder Teile der Gesellschaft sich seinem regulativen und kontrollierenden Zugriff entziehen. Afghanistan wäre ein aktuelles Beispiel oder die Favelas in den Großstädten Brasileins. Trotzdem kann festgehalten werden: Ein Zerfall von gesellschaftlichen Grundstrukturen kommt relativ selten vor. Meist handelt es sich dabei um Randerscheinungen oder Extreme. Deshalb beschäftigte sich die soziologische Forschung mit Desintegrationsprozessen und Systemkollaps bisher auch nur gelegentlich, so z.B. anlässlich der Zerrüttung des politischen Systems Italiens in den 1990er Jahren oder bei der Auflösung der DDR.

Auf einem anderen Blatt steht die am Ende des 19. und zu Beginn des 20. Jahrhunderts verbreitete Furcht vor sozialen Krisen infolge der Industrialisierung und der damit einhergehenden Verarmung und Verelendung breiter Schichten, vor allem in den Großstädten. Die Zunahme der sozialen Konflikte im Zusammenhang der sich organisierenden und gegen die herrschende, bürgerlich-kapitalistische Ordnung aufbegehrenden Arbeiterbewegung verunsicherte auch viele Gesellschaftstheoretiker und spornte sie zum Nachdenken über die Pathologien der Modernisierung an. Auch beunruhigten sie die für moderne Gesellschaften typischen Phänomene der Verstädterung und Anonymisierung, der Säkularisierung und des Zerfalls der traditionell ständischen Sozialordnung, wo jeder noch qua Geburtsrecht seinen relativ sicheren Platz in der gesellschaftlichen Hierarchie hatte. Diese Entwicklungen, die im Zusammenhang mit der Modernisierung stehen, führten, wie wir sahen, zu tiefgreifenden Umstrukturierungen der traditionellen Lebensverhältnisse, was aber auch mit einer Freisetzung von zerstörerischen Kräften in der Gesellschaft einherging. Vor allem diese Erscheinungen waren es, die zahlreiche Sozialwissenschaftler dazu motivierten, sich näher mit der Frage nach den grundsätzlichen Bedingungen von gesellschaftlicher Integration und Solidarität zu beschäftigen und entsprechende Theorien zu entwerfen.

In der Gesellschaftstheorie haben vor allem zwei grundlegende Gegenpositionen die Ordnungsfrage lange Zeit die Theoriebildung beherrscht: Zum einen die sogenannten Vertragstheorien, wobei vor allem der Sozialphilosoph und Staatstheoretiker *Thomas Hobbes* einen Meilenstein in der Reflexionsgeschichte des Ordnungsproblems repräsentiert. Zum anderen sind es vor allem Ökonomen und Markttheoretiker gewesen, die sich des Themas indirekt, nämlich unter gleichgewichtstheoretischen Gesichtspunkten angenommen haben. Als bahnbrechend erwies sich dabei der schottische Moralphilosoph und Nationalökonom *Adam Smith*. In kritischer Auseinandersetzung mit diesen beiden, sich polar entgegenstehenden sozialphilosophischen Traditionen entwickelte dann später die klassische Soziologie ihr eigenes, ihr gesellschaftstheoretisches Verständnis der Integrationsproblematik. Dabei geht es um die zentrale Frage, wie gesellschaftliche Ordnung möglich sei. Deshalb erscheint es zweckmäßig, kurz auf die beiden genannten sozialphilosophischen Grundpositionen einzugehen, die der Ausdifferenzierung der

Soziologie als eigenständiges Fach vorausgingen. Sie verkörpern die wichtigsten Bezugspunkte der späteren soziologischen Ansätze.

Thomas Hobbes (1588-1679) beschreibt in seinem Hauptwerk, *Leviathan oder Stoff, Form und Gewalt eines kirchlichen und bürgerlichen Staates* von 1651, auf plastische Weise einen gesellschaftlichen Zustand der Regellosigkeit, in dem die Individuen zügellos ihren egoistischen Bedürfnissen folgen und für die Durchsetzung ihrer Interessen Gewalt, Betrug und List anwenden:

> „Daraus ergibt sich klar, daß die Menschen während der Zeit, in der sie ohne eine allgemeine, sie alle im Zaum haltende Macht leben, sich in einem Zustand befinden, der Krieg genannt wird, und zwar in einem Krieg eines jeden gegen jeden. [...] (A)lles, was Kriegszeiten mit sich bringen, in denen jeder eines jeden Feind ist, (trifft) auch für die Zeit zu, während der die Menschen keine andere Sicherheit als diejenige haben, die ihnen ihre eigene Stärke und Erfindungskraft bieten. In einer solche Lage ist für Fleiß kein Raum, da man sich seiner Früchte nicht sicher sein kann; und folglich gibt es keinen Ackerbau, keine Schiffahrt, keine Waren, die auf dem Seeweg eingeführt werden können, keine bequemen Gebäude, keine Geräte, um Dinge, deren Fortbewegung viel Kraft erfordert, hin- und herzubewegen, keine Kenntnis von der Erdoberfläche, keine Zeitrechnung, keine Künste, keine Literatur, keine gesellschaftlichen Beziehungen, und es herrscht, was das Schlimmste von allem ist, beständige Furcht und Gefahr eines gewaltsames Todes – das menschliche Leben ist einsam, armselig, ekelhaft, viehisch und kurz." (Hobbes 1966, S. 96).

So sieht Hobbes den Naturzustand. Er entspricht einem Zustand der ungeregelten Machtkämpfe und des ewigen Bürgerkrieges, in dem jeder jedermanns Feind ist, in dem der Mensch seinen Nächsten mit Angst, Missgunst und Neid begegnet. Grundlage von Hobbes Argumentation ist ein Menschenbild, in dem das Individuum ausschließlich von seinen Interessen angetrieben, primär also als Egoist agiert und der vor allem an der Befriedigung seiner unmittelbaren und kurzfristigen Bedürfnisse interessiert ist. Die Allgemeinheit, das Gemeinwohl sind für ihn zweitrangig, wenn nicht völlig bedeutungslos. Zugespitzt wirft Thomas Hobbes damit die Frage auf, wie unter der Prämisse *utilitaristischen*, auf Nützlichkeitskalkülen beruhendes Handeln ein belastbarer gesellschaftlicher Zusammenhalt von Menschen denkbar sei. Dabei geht es vorrangig darum, eine *theoretische*, sozusagen rein denk-mögliche Lösung des *„utilitaristischen Dilemmas"*, wie der amerikanische Soziologe Talcott Parsons (1902-1979) das Problem taufte, zu formulieren. Das Dilemma besteht darin, dass, wenn alle Gesellschaftsmitglieder eigennützig handeln würden, sie dadurch die Grundlagen für die Verwirklichung individueller Bedürfnisse und Nutzen selbst zerstören würden, denn wo keine verlässliche Ordnung, kein halbwegs berechenbares Leben. Mit anderen Worten, der Naturzustand untergräbt letztlich selbst die Möglichkeiten, egoistisch zu handeln, weil er die Voraussetzungen von Gesellschaftlichkeit als solche aufhebt, und damit letztlich die Grundlagen menschlicher Existenz. Hobbes' Problem der Ordnung ergibt sich also aus der grundsätzlichen Frage, unter welchen Voraussetzungen die selbstzerstörerischen Konsequenzen utilitaristischen Handelns aufgehoben werden können oder ihnen entgegengewirkt werden kann. Mit welchen Vorkehrungen und unter welchen Voraussetzungen ist in der gesellschaftlichen Praxis das utilitaristische Dilemma überwindbar? Und wie lässt sich das theoretisch denken? Hobbes' Antwort markiert einen entscheidenden philosophiegeschichtlichen Höhepunkt in der langen philosophischen Auseinandersetzung über dieses Grundproblem des gesellschaftlichen Zusammenlebens. Seine Antwort lautet im Kern folgendermaßen: Die Bürger übertragen freiwillig und im Bewusstsein ihrer Schwächen und Gefahren, in die sie sich durch eine schrankenlose Verfolgung ihres Eigennutzens bringen würden, einer höheren Macht das Recht und die notwendigen Mittel zur Aufrechterhaltung der erwünschten friedlichen Ordnung. Diese höhere Macht ist für Hobbes der Staat, und zwar der absolutistische, mit großer Machtfülle ausgestattete Staat. Aufgrund der furchteinflößenden und unentrinnbaren Gewaltsamkeit, die Hobbes dem Souverän zuschreibt, wählt er für ihn die Metapher des „Leviathans", eines mythologisch-biblischen Meeresungeheuers. Diese Übertragung der Macht von der gesellschaftlichen Ebene, wo sie sich vor allem auf diffuse Gewaltpotenziale, Angst und Reichtum stützt, auf den Staat, der als gesellschaftsregulierende Instanz konzipiert wird, rechtfertigt Hobbes durch die hypothetische Annahme eines Vertrages zwischen der Zivilgesellschaft und dem Staat. Letztlich ist das aber bloß eine theoretische Figur, weil die Vorstellung eines Gesellschaftsvertrags nur eine Hypothese, ein begriffliches Konstrukt ist. Die Vorstellung geht dahin, dass die Individuen kraft freier Entscheidung ihre natürliche Souveränität und Macht einer aus dem Kreis der Mächtigen und Reichen selbst hervortretenden, also durch diese letztlich gesellschaftlich begründeten Ordnungsgewalt überantworten. Die politisch handlungsfähigen Gesellschaftsmitglieder verzichten dabei auf die ihnen qua Naturrecht innewohnende, nur durch die Konkurrenz der Mächtigen begrenzte Freiheit, Macht und Gewalt, indem sie sich freiwillig dem neuen Territorialherren, dessen Gewaltmonopol und Gesetz unterwerfen. Bahnbrechend an dieser Idee war, dass nach Hobbes die staatliche Herrschaft naturrechtlich und vertragstheoretisch, also durch Bezug auf säkulare und nicht mehr, wie Jahrtausende davor, auf religiöse Ideen legitimiert wurde. Zugleich ist die Herrschaft damit an die „bürgerliche" Gesellschaft gleichsam zurückgebunden. Denn alle Legitimation zur Machtausübung und Gewaltanwendung ist gegenüber der Bürgergesellschaft prinzipiell rechtfertigungsbedürftig und eben nicht mehr von vornherein als gottgewollt religiös gerechtfertigt. Für unseren Zusammenhang ist wichtig festzuhalten, dass mit der Hobbes'schen Position das Ordnungsproblem durch die Rechtfertigung überragender, der Gesellschaft gegenüber unabhängiger staatlicher Autorität gelöst wurde. Das utilitaristische Dilemma wird in der Variante der Hobbes'schen Vertragstheorie infolgedessen durch die Konstituierung legitimer staatlicher Herrschaft überwunden.

Die prominenteste Gegenposition zu der herrschaftlich-autoritären Lösung von Hobbes ist die markttheoretische von Adam Smith (1723–1790). Auch der schottische Moralphilosoph und Nationalökonom geht in seinem Hauptwerk *Der Wohlstand der Nationen* (1776) davon aus, dass der Hauptantrieb menschlichen

Handelns das egoistische Interesse sei.[2] Wie wir bereits sahen, misst er darüber hinaus auch der Arbeitsteilung, dem vor allem in der Ökonomie wichtigen Prinzip der Differenzierung und Zerlegung der Arbeitsabläufe, eine zentrale Bedeutung für die gesellschaftliche Entwicklung bei. Dabei gelangt er aber zu gänzlich anderen Schlussfolgerungen als Hobbes. Sein zentrales Argument lautet zusammengefasst: Wenn die einzelnen Wirtschaftssubjekte ihre egoistischen Interessen verfolgen und sie sich immer weiter spezialisieren, werden sie notwendig darauf angewiesen sein, mittels *Tausch* in Kontakt zueinander zu treten. Diese Beziehungen werden dann durch den Markt vermittelt. Niemand kommt ohne den anderen aus; jeder ist auf den anderen angewiesen: Der Metzger auf den Bäcker und den Schneider, umgekehrt kann der Schneider nicht ohne die Fleischprodukte des Metzgers und die Backwaren des Bäckers leben. Nach Smith ist das die Voraussetzung für die Herausbildung von Märkten, in denen die verschiedenen Handwerker und Kaufleute ihre Waren anbieten und miteinander – unter Verwendung des Geldes als universalem Zahlungsmittel – austauschen. Der Markt wird so als ein Regelzusammenhang funktional differenzierter, aber damit gleichzeitig auch *interdependenter* Akteure gedacht, die über Tauschprozesse so etwas wie eine übergeordnete sozial-moralische Einheit bilden. Smith' entscheidender Gedanke ist, dass dieser Zusammenhang sich auf der Grundlage individueller egoistischer Interessen gewissermaßen wie von selbst herstellt und nicht durch deren Unterdrückung. Ganz im Gegenteil: Das Gemeinwohl verwirklicht sich in dieser Sicht als ungeplantes Resultat von individuell egoistischem Interessenhandeln. Daraus folgt: Je vollkommener die Märkte, je ungehinderter sich die Konkurrenz entfalten kann, je mehr sich die einzelnen Wirtschaftssubjekte spezialisieren und in Tauschbeziehung zueinander treten, desto größer ist die Wahrscheinlichkeit, dass sich ein überindividueller, eben ein gesellschaftlicher Zusammenhang herausbildet.

Dieser Zusammenhalt besitzt dann auch ein hohes Maß an Stabilität, die letztlich in der beständigen Interessenverfolgung der Akteure begründet ist, in einem verlässlichen anthropologischen Fixpunkt. Dazu bedarf es keiner externen staatlichen Steuerung. Die bürgerliche Gesellschaft reguliert sich somit vermittelt über den Markt selbst. Die Politik hat dann lediglich noch die Rahmenbedingungen für einen reibungslosen Ablauf der Marktprozesse zu gewährleisten. In jedem Falle entstehen soziale Abhängigkeiten und Bindungen auf Grundlage freier Interessenverfolgung unabhängiger Akteure. Der Kerngedanke dieses alternativen philosophischen Entwurfes liegt darin, dass sich gesellschaftliche Ordnung ohne Staatsbildung und Autorität verwirklichen lässt. Letztere, also staatliche Interventionen in die gesellschaftlichen und ökonomischen Bereichen, können sogar schädlich sein. Damit entwickelt der große Liberale einen gesellschaftstheoretischen Beitrag zur gesellschaftlichen Selbstregulierung: Eigendynamische Marktintegration und gesellschaftliche Selbststeuerung sind wichtigsten Eckpfeiler dieser Theorie. Letztlich ist es, um es in der berühmten Metapher von Adam Smith auszudrücken, die *unsichtbare Hand*, die den ungesteuerten, gewissermaßen einer Art Geheimplan des Universums folgenden Interessenausgleich unter den vergesellschafteten

---

2 A. Smith betont aber auch sog. „ethische Gefühle", insbesondere das Gefühl der „Sympathie", die als Bindekräfte den Menschen anthropologisch zu einem gesellschaftlichen Wesen machen (vgl. Smith 2004).

Individuen verwirklicht. Dadurch wird die Gesellschaft über den Markt als ganze integriert, ja, überhaupt erst möglich gemacht. Auf diese Weise wirken gleichsam hinter dem Rücken der Akteure anonyme Kräfte, die im Zusammenspiel des zweckrationalen, utilitaristischen Handelns der zahllosen einzelnenn Individuen als Aggregationseffekt Gesellschaftlichkeit hervorzaubern. Das ist ein paradoxer, aber prinzipiell positiv zu bewertender Effekt, weil das Gemeinwohl durch die eigennützige Orientierung der zahllosen Marktteilnehmer gefördert wird.

Der Einfluss der sozialen und politischen Philosophie des schottischen Liberalismus und der Hobbes'schen Vertragstheorie auf die soziologische Theoriebildung ist kaum zu überschätzen. Zunächst war es vor allem Herbert Spencer (1820–1903), einer der Gründungsväter der Soziologie in England, der direkt an die Ideen von Adam Smith anknüpfte. Seine Gesellschaftstheorie verbindet die aus den Naturwissenschaften übernommene Evolutionstheorie *Charles Darwins* (1809–1882), insbesondere die sozialdarwinistische gewendete Idee des *survival of the fittest*, mit Adam Smith' Markttheorie. Auch der britische Gründungsvater der Soziologie ging davon aus, dass nicht durch staatliche Herrschaft, sondern nur durch privatrechtliche Verträge und das erfolgsorientierte Handeln der Individuen eine hinreichende Grundlage für gesellschaftliche Ordnungsbildung gegeben sei. Die unvermeidlichen Auswahlprozesse, die durch die Konkurrenz um knappe Güter, durch Prämierung von Erfolg und Sanktionierung von Versagen erfolgen, gewährleisten nach Spencer den historischen Fortschritt und die gesellschaftliche Evolution. Spencer ist damit einer der Hauptvertreter der individualistischen und liberalen Gesellschaftstheorie. Differenzierung und Individualisierung müssen ihm zufolge nicht zwangsläufig zum Zerfall der Gesellschaft führen. Der Fortschritt gründet allerdings auch auf einer beständigen Zerstörung von Ressourcen durch die Konkurrenz und geht somit zwangsläufig mit sozialen Verwerfungen einher.

Fassen wir zusammen: Das Phänomen der funktionellen Differenzierung und das Problem der sozialen Ordnung hängen eng miteinander zusammen. Die zunehmende Differenzierung von Funktionen, Systemen, Organisationen und Rollen ist ein Kennzeichen der Moderne. Soziale Differenzierung erhöht die Risiken der Fragmentierung und Atomisierung, Koordinations- und Steuerungsprobleme sind die Folge. Je komplexer die gesellschaftlichen Funktionseinheiten, desto problematischer der Gesamtzusammenhalt und die Koordination. Die Integrations- und Koordinationsprobleme bilden somit die Kehrseite der durch Spezialisierung und Arbeitsteilung erzielten Effizienzgewinne. Die klassischen Antworten auf das Ordnungsproblem wurden von Thomas Hobbes und Adam Smith entworfen. Ersterer setzt auf den *Leviathan*, letzterer auf den *Markt* als Basisinstitution der sozialen Integration.

Diskussionsfragen:

- Welche gesellschaftlichen Entwicklungen standen an den Anfängen des soziologischen Denkens?
- Warum ist das Ordnungsproblem ein zentrales Problem der Soziologie?
- Wie hängen funktionale Differenzierung und soziale Integration zusammen?
- Was bedeutet der Begriff "utilitaristisches Dilemma"?
- Welche Grundpositionen bezüglich des Ordnungsproblems vertreten Thomas Hobbes und Adam Smith? Worin ist ihre soziologische Relevanz begründet?

Kapitel 3: Differenzierung und soziale Solidarität: Emile Durkheim

> **Zusammenfassung:**
> Das dritte Kapitel handelt von dem Begründer der französischen Soziologie, Emile Durkheim. Er stellt ebenfalls das Ordnungsproblem in den Mittelpunkt seiner Theorie der sozialen Arbeitsteilung. Er beschäftigt sich hauptsächlich mit den moralischen Grundlagen gesellschaftlicher Kohäsion und Solidarität. Gesellschaft sieht er als eine überindividuelle moralische Instanz, deren Vertreter vor allem die Religion, das Recht und die Familie sind. In der modernen Gesellschaft sind diese nicht mehr so stark wie auf einer vormodernen Entwicklungsstufe. Durkheim fragt deshalb nach den Solidaritätsvoraussetzungen unter den Differenzierungsbedingungen der Moderne. Für Durkheim ist die Soziologie eine „Wissenschaft von der Moral". Er unterscheidet diese jedoch von der Moralphilosophie.

Die Probleme der Differenzierung und der sozialen Ordnung sind, wie wir im vorangegangenen Kapitel sahen, Grundfragen der Philosophie und der Soziologie. Die spezifisch soziologische Problemstellung ergibt sich aus einer Übertragung des ökonomischen Rationalitätsmodells der Arbeitsteilung auf umfassendere gesellschaftliche Funktionszusammenhänge. Dabei geht es um die Frage nach den Bedingungen der Möglichkeit gesellschaftlicher Einheit und sozialen Zusammenhalts. Für die Klassiker der Soziologie ist dies letztlich eine Frage der moralisch-ethischen Bindekräfte der modernen Gesellschaft. Im Zentrum steht das Problem der Solidaritätspotentiale von komplexen, in sich differenzierten gesellschaftlichen Ordnungen.

Im letzten Kapitel beschäftigten wir uns mit den wichtigsten sozialphilosophischen Bezügen der Theorie sozialer Ordnung. Zunächst ging es um die Formulierung des Ordnungsproblems bei Thomas Hobbes. In Hobbes' Konzeption wird der Naturzustand der Anarchie und gesellschaftlichen Desintegration durch die Hervorbringung des Staates überwunden. Legitimationsgrundlage des *Leviathans* ist ein gesellschaftlicher Vertrag zwischen den Bürgern und der durch sie getragenen politischen Herrschaftsordnung. Nur durch die freiwillige Unterwerfung unter das staatliche Gesetz können demnach der soziale Friede, die Rechtssicherheit und die gesellschaftliche Ordnung als Rahmenbedingungen eigennützigen Handelns aufrechterhalten werden.

Als bedeutendste Gegenposition zu der autoritären Hobbes'schen „Lösung" wurde die Konzeption des schottischen Moralphilosophen und Ökonomen Adam Smith betrachtet. Smith betonte die eigenständige ordnungsbildende Kraft von ökonomischem Tausch und Märkten. Die Arbeitsteilung zwinge zum beständigen Austausch von Gütern und Dienstleistungen. Auch hier steht das individuelle Interesse im Vordergrund der Theorie; nicht Staatsbildung garantiere die gesellschaftliche Integration, sondern der Interessenausgleich auf den Märkten. Damit legte Adam Smith eine Theorie der gesellschaftlichen Selbstregulierung vor, die zum Credo des liberalen Bürgertums wurde.

Kapitel 3: Differenzierung und soziale Solidarität: Emile Durkheim

Emile Durkheim (1858–1917), der Begründer der französischen Soziologie, stellt ebenfalls das Ordnungsproblem in den Mittelpunkt seines soziologischen Theoriegebäudes. In seinem Hauptwerk *Über soziale Arbeitsteilung. Studie über die Organisation höherer Gesellschaften* (1893) überträgt Durkheim das ökonomische Differenzierungsmodell der Arbeitsteilung auf gesamtgesellschaftliche, das engere Feld der Ökonomie überschreitende Zusammenhänge. Dabei schließt er teilweise an die Ansichten des ökonomischen Liberalismus an, hinterfragt aber dessen Prämissen. Das zentrale Problem lautet für den Gründungsvater der französischen Soziologie: Worin bestehen in der modernen Gesellschaft die moralischen Grundlagen gesellschaftlicher Kohäsion und Solidarität?

Durkheim unterscheidet in der Beantwortung dieser Frage zwei Typen von Gesellschaften, und zwar je nach dem Grad ihrer Differenzierung: „einfache" und „höhere Gesellschaften". Einfache Gesellschaften zeichnen sich durch einen niedrigen Grad der Differenzierung aus. Wir finden diesen Typus vor allem bei tribalen und archaischen, also sogenannten „primitiven" Gesellschaftsordnungen. Die Einheit und der Zusammenhalt des Kollektivs werden dabei durch die Gleichheit der Mitglieder, durch die Dominanz eines alle Gesellschaftsmitglieder gemeinsamen Kollektivbewusstseins – das Durkheim als eine moralische Instanz auffasst – und durch unmittelbar wirksame, repressive (rechtliche) Sanktionen – Bestrafungen – von sozial abweichendem Verhalten aufrechterhalten. Diesen Typus gesellschaftlicher Solidarität nennt Durkheim ‚mechanische Solidarität', weil der Zusammenhalt hier spontan und quasi-automatisch erreicht wird. Dabei handelt es sich um eine Art ‚Totalintegration' von segmentären, strukturell gleichartigen sozialen Verbänden. ‚Gesellschaft' ist somit nach Durkheim im Kern eine überindividuelle moralische Instanz. Vor allem die Religion, das Recht und die sozialen Verstärkungsinstanzen, wie die Sippe, Prieser, Häuptlinge und Richter repräsentieren sie.

Für die moderne Gesellschaft gelten diese Integrationsmechanismen aber nicht mehr in derselben Weise, wie für vormoderne Entwicklungsstufen. Die Hauptfrage, die sich für Durkheim in dieser Hinsicht stellt, ist die nach den Solidaritätsvoraussetzungen unter den fortgeschrittenen Differenzierungsbedingungen der Modernisierung. Aber letztlich geht es auch dabei um das Problem der Moral. Durkheim begreift Soziologie als die „Wissenschaft der Moral", unterscheidet diese aber von der Moralphilosophie. Erstere untersucht tunlichst wertneutral und unvoreingenommen die tatsächlich existierenden Moralvorstellungen *in* der Gesellschaft; letztere dagegen entwickelt und begründet ethische Verhaltenskodizes und philosophische Begründungen für die Unterscheidung von Gut und Böse (etwa der *kategorische Imperativ* Immanuel Kants).

> „Wir wollen die Moral nicht aus der Wissenschaft ableiten, sondern die Wissenschaft der Moral betreiben, was etwas ganz anderes ist. Die moralischen Fakten sind Phänomene wie alle anderen auch. Sie bestehen aus Verhaltensregeln, die man an bestimmten Merkmalen erkennen kann. So muss es möglich sein, sie zu beobachten, sie zu beschreiben, sie zu klassifizieren und die Gesetze zu suchen, die sie erklären. Das wollen wir für einige von ihnen tun." (Durkheim 1992, S. 76).

Betrachten wir Durkheims Theorie der sozialen Arbeitsteilung näher, dann wird deutlich, dass er die Lösungsvorschläge der beiden zuvor besprochenen philosophischen Richtungen zwar nicht in Bausch und Bogen verwirft, doch erheblich korrigiert und ergänze. So hält er weder eine durch den Staat erfolgende noch eine über den Markt vermittelte Sozialintegration für ausreichend als Integrationsmechanismen. Insbesondere gegen die liberale, die markttheoretische Fundierung der Ordnungsproblematik richtet sich seine Kritik. Interessen und Eigennutz allein ermöglichen nach seiner Anschauung nur passagere Kontakte und flüchtige Kooperation, d.h. nur so lange ein Interessenausgleich zu erwarten ist und auch nur in dem Maß, wie er erfolgt. Privatrechtliche Verträge oder Tauschakte können ebenfalls keine dauerhaften Beziehungen begründen. Selbst wenn dies in zahllosen Momenten tagtäglich simultan stattfindet, entsteht dadurch kein *gesamt*gesellschaftlicher Zusammenhang. Im Übrigen meint Durkheim, dass sich bei genauerer Betrachtung selbst die hektischen Markt- und Vertragsbeziehungen gerade in sozialer Hinsicht als höchst voraussetzungsvoll erweisen. Sie setzen nämlich mindestens voraus, dass Tauschprozesse geregelt stattfinden können, die Verträge eingehalten werden. Das erfordert, dass Vertragsbrüche gegebenenfalls sanktioniert werden können und dass ein allgemeines Vertrauen in die gesellschaftliche, vor allem aber auch in die Rechtsordnung besteht. Durkheim spricht in diesem Zusammenhang von den „nicht-vertraglichen Elementen der Verträge".

> „Das soziale Handeln entfaltet eine Wirkung aber nicht nur außerhalb von vertraglichen Beziehungen, sondern wirkt sich auch auf das Zusammenspiel dieser Vertragsbeziehungen untereinander aus; denn *nicht alles ist vertraglich beim Vertrag*. Die einzigen Verpflichtungen, die diesen Namen verdienen, sind jene, die von den Individuen gewollt sind und keinen anderen Ursprung haben als diesen freien Willen. Umgekehrt hat keine Verpflichtung, die nicht gegenseitig zugestanden ist, etwas Vertragliches an sich. Nun ist der Vertrag überall dort, wo er existiert, einer Regelung unterworfen, die das Werk der Gesellschaft ist und nicht das der Einzelperson, und diese Reglementierung wird immer umfangreicher und immer komplizierter."

Und an einer anderen Stelle heißt es:

> „Zwar können rein vertragliche Pflichten allein durch Zustimmung der Vertragspartner geschlossen und gelöst werden. Man darf aber nicht vergessen, daß der Vertrag, wenn er eine bindende Kraft besitzt, diese der Gesellschaft verdankt. Jeder Vertrag setzt also voraus, daß hinter den vertragsschließenden Parteien die Gesellschaft steht, die einzugreifen bereit ist, um den von diesen Parteien eingegangenen Verpflichtungen Respekt zu verschaffen." (ebd., S. 267f. bzw. S. 165).

Würde diese vor- oder übervertraglich bindende Kraft der Gesellschaft nicht existieren, dann hätten wir den von Hobbes so plastisch beschriebenen Zustand des Krieges aller gegen alle. Tatsächlich nimmt Durkheim auch genau dieses Bild wieder auf, wenn er von den verhängnisvollen Grenzen der reinen Marktintegration spricht.

> „Wenn man tiefer schaut, dann sieht man, daß jede Interessenharmonie einen latenten oder einfach nur vertagten Konflikt verdeckt. Denn wo das Interesse allein regiert, ist jedes Ich, da nichts die einander gegenüberstehenden Egoismen bremst, mit jedem anderen auf dem Kriegsfuß, und kein Waffenstillstand kann diese ewige Feindschaft auf längere Zeit unterbrechen." (ebd., S. 260).

Dieses Zitat macht die große Skepsis des französischen Soziologen gegenüber dem liberalen Gesellschaftsmodell deutlich. Dessen ungeachtet setzt er dennoch nicht auf die Karte des Staates allein. Zwar komme dem Staat als Gesetzgeber und Garanten einer universalen Rechtsordnung sowie als Nationalstaat, der auf einem nationalen Wir-Gefühl beruht, eine fundamental wichtige sozialintegrative Funktion zu. Doch auch das politische System ist stets nur Teil einer umfassenderen gesellschaftlichen Ordnung, die seiner Existenz zugrunde liegt und sie erhält. Darüber hinaus betont der französischen Gelehrte die Grenzen der politischen Steuerungsfähigkeit: Unter Bedingungen fortgeschrittener Differenzierung der gesellschaftlichen Funktionssysteme ist es auch dem politischen Zentrum, der Regierung, dem Parlament und den Ministerien, nicht mehr ohne weiteres möglich, die Ökonomie und die Märkte, die sich ja ebenfalls eigendynamisch weiter ausdifferenzieren und entgrenzen, effektiver staatlicher Kontrolle zu unterwerfen. Die staatlichen Instanzen verfügen weder über das erforderliche Wissen noch über die notwendigen Instrumente dazu. Preise lassen sich bei Konkurrenzfreiheit und offenen Märkten nicht staatlich festlegen, und auch das Investitionsverhalten von Kapitaleignern lässt sich nicht per Dekret lenken. Somit ist festzuhalten, dass unbeschadet der Bedeutung, die Durkheim dem Staat zuspricht, er ihn doch auch in einer relativ schwachen Position gegenüber der Gesellschaft sieht.

Welche ‚Lösung' bietet nun Durkheim für das klassische Ordnungsproblem an? Durkheim kommt zu dem Schluss, dass der soziale Differenzierungsprozess selbst eine neuartige und den Differenzierungsbedingungen adäquate Solidaritätsform begründet. Das war seinerzeit ein spektakulärer Gedanke. Denn Durkheim trat damit der gerade unter zeitgenössischen Intellektuellen verbreiteten Vorstellung entgegen, dass mit zunehmender Modernisierung die Gesellschaft schlechterdings zu zerfallen drohe. Dafür gab es durchaus konkrete Anhaltspunkte, wie die Zunahme der sozialen Konflikte im Gefolge der Industrialisierung, das Erstarken der sozialistischen Arbeiterbewegung, die zunehmende Verstädterung und Pauperisierung großer Bevölkerungsteile.

Die der modernen Gesellschaft eigene ethisch-moralische Integrationsform ist nach Durkheims Auffassung das Ergebnis des notwendigen Zusammenwirkens der spezialisierten Elemente. Dabei ist nicht die funktionale Interdependenz, also das Zusammenwirken spezifischer Teilfunktionen, das allein ausschlaggebende Moment, vielmehr spielt das Bewusstsein der Menschen, voneinander abhängig zu sein und in einem notwendigen Wechselverhältnis zu stehen, dabei eine wichtige Rolle. Dieses Bewusstsein ist nun nicht vergleichbar mit dem homogenen

Kollektivbewusstsein der Stammesgesellschaften, in denen eine „mechanische Solidarität" vorherrschend war. Vielmehr ist es ein Gemeinsamkeitsbewusstsein, das über verschiedene, wiederum differenzierte Instanzen in ihren je spezifischen gesellschaftlichen Bezugseinheiten begründet und durchgesetzt wird. Durkheim verfällt also keinesfalls der Illusion, dass man so etwas wie ein allgemeingültiges Universalbewusstsein für moderne Großgesellschaften erwarten könnte. Aber die einzelnen sozialen Teilsysteme integrieren sich jeweils über spezielle und partielle Wertordnungen. Mit der Stellung und Bedeutung der Berufe zum Beispiel geht die Entwicklung von Berufsverbänden zu Interessenvertretungen einher, aber auch so etwas wie die Entwicklung von Berufsethiken, die dann für das jeweils funktionale Handeln der Berufsangehörigen maßgeblich sind. So gibt es eine Berufsethik der Ärzteschaft, der Architekten, der Handwerker, Ingenieure und der meisten anderen Berufe, auch der Soziologen. Das sind im Sinne Durkheims sozialmoralische Regulierungsstrukturen, die das Interessenhandeln der Mitglieder durch besondere Solidaritätsnormen in Bahnen lenken. Eine der wichtigsten Funktionen ist dabei die *Zähmung der individuellen Egoismen*. Mit anderen Worten, es ist die Vielzahl der Institutionen, die sich als sozialmoralische Regulierung in den verschiedenen gesellschaftlichen Bereichen herausbilden, die in ihrem Zusammenspiel eine gesamtgesellschaftliche normative Ordnung gewährleisten. Ihnen gemeinsam ist laut Durkheim das Bedürfnis nach – und die Verpflichtung zur – Solidarität, wie nachstehendes Zitat deutlich macht:

> „Selbst dort, wo die Gesellschaft völlig auf der Arbeitsteilung beruht, löst sie sich folglich nicht in eine Wolke von isolierten Atomen auf, zwischen denen es nur äußerlich und vorübergehend Kontakte geben kann. Die Mitglieder sind vielmehr untereinander durch Bande verbunden, die weit über diese allzu kurzen Augenblicke hinausgehen, in denen sich der Austausch vollzieht. Jede der Funktionen, die sie ausüben, hängt von anderen ab und bildet mit diesen ein solidarisches System. Aus der Natur der gewählten Aufgaben folgen somit Pflichten. Indem wir jene häusliche oder soziale Funktion erfüllen, sind wir in ein Netz von Verpflichtungen eingeflochten, das zu lösen wir kein Recht haben [...]." (ebd., S. 284).

Zur Rolle der Berufsorganisationen wäre zu ergänzen, dass Durkheim ein *politisches* Ordnungsmodell aus seiner Theorie abgeleitet hat, das auf eine berufsständische bzw. *korporatistische* Integration abzielte. Dabei schwebte ihm vor, den Klassenkonflikt, der die Industriegesellschaft regelmäßig zu spalten droht, dadurch zu pazifizieren, dass ein System errichtet wird, in dem die Berufsorganisationen einen friedlichen Interessenausgleich unter dem Dach des Nationalstaates zu suchen angehalten werden. Dieses politische Rezept muss heute freilich antiquiert erscheinen – übrigens hatte es schon zu Lebzeiten Durkheims keine breite Resonanz gefunden. Es werden aber noch andere Defizite dieses Theorieentwurfs diskutiert. Die Hauptschwäche seines Ansatzes liegt darin, dass Durkheim damit im Grunde einem *harmonistischen* Gesellschaftsbegriff verhaftet bleibt. Das kommt besonders in Durkheims Diskussion der pathologischen Formen der gesellschaftlichen Arbeitsteilung zum Ausdruck. In diesem Zusammenhang unterscheidet er einen Normalzustand gleichsam „gesunder" sozialer Integration einerseits von krisenhaften Entwicklungen, in denen moralische Wertvorstellungen zerfallen und die Einzelnen in den Zustand der Orientierungslosigkeit geraten lassen andererseits.

Desintegrative Tendenzen bezeichnet Durkheim als *Anomie*: „Wenn [...] die Arbeitsteilung nicht die Solidarität erzeugt, dann deshalb, weil die Beziehungen der Organe nicht geregelt sind, weil sie in einem Zustand der Anomie verharren." (ebd., S. 437). Ein *anomischer* Zustand herrscht demzufolge immer dann vor, wenn in der Gesellschaft oder in ihren Teilbereichen normative Standards brüchig werden, egoistische Orientierungen überhandnehmen, die moderierende Kraft institutioneller Ordnungen nachlässt, Individuen sich aus kollektiven Zusammenhängen herauslösen oder es zu nennenswerter sozialer Exklusion kommt, was alles Zeichen, dass der moralische Zement der Gesellschaft an Kohäsionskraft verlieren. Das kann auch dadurch geschehen, dass gesellschaftliche Konflikte (klassenbezogene, ethnische, konfessionelle) auf die politischen Zentren negativ ausstrahlen und dadurch eine allgemeine, eine gesamtgesellschaftliche *Wertekrise* auslösen.

Durkheim erlebte seine Zeit genau als eine solche dramatische Krisen- und Umbruchsepoche, in der die fundamentalen Werte und Verpflichtungszusammenhänge an Integrationskraft einzubüßen drohten. Die Lösung, die er sah, war, wie bereits gesagt, die Propagierung und Stärkung des berufsständischen Korporatismus – und die Konsolidierung des Nationalbewusstseins. Damit ist Durkheim einer der Hauptvertreter einer harmonistischen, laizistischen und die Rolle von nationalen gesellschaftlichen Institutionen betonenden Soziallehre. Ihm lag vor allem daran, die inneren moralischen Kräfte der bürgerlichen Gesellschaft zu stärken und das Bewusstsein für die Bedeutung der sozialen Solidarität zu schärfen. Letztlich vertrat er mit seinem harmonistischen Solidaritätsideal eine konservative Position im politischen Spektrum der französischen Dritten Republik.

Abschließend sei noch bemerkt, dass Durkheim auch der Soziologie eine wichtige Rolle für die Integration moderner Gesellschaften zuschrieb. Ähnlich wie bereits sein soziologischer Vorläufer Auguste Comte glaubte er an die Aufklärungsfunktionen der soziologischen Reflexion und Forschung. Ohne sich der offensichtlichen Paradoxien dieser Auffassung bewusst geworden zu sein, erhoffte er sich gerade von einer Stärkung der gesellschaftlichen Rolle der Soziologie und ihrer Etablierung als selbständige Universitätsdisziplin und als Lehrfach an den Gymnasien eine wirkungsvolle Institutionalisierung der gesellschaftlichen Selbstreflexion. Dabei dachte er auch an eine Art Ersatz für die im Säkularisierungsprozess zunehmend an Bedeutung verlierende Religion – Soziologie als weltlicher Religionsersatz. Die Soziologie sollte dazu beitragen, den öffentlichen Wertediskurs auf eine solide wissenschaftliche und damit objektive Erkenntnisbasis zu stellen und dadurch die Grundlagen für den gesellschaftlichen Konsens zu legen. Was wissenschaftlich erwiesen ist, sei dem Streit gleichsam enthoben, so Durkheims Überzeugung. Dass er damit freilich die Rolle der Soziologie, und der Wissenschaft insgesamt, überschätzte, liegt auf der Hand. Hinzu kommt, dass gerade die wissenschaftliche Aufklärung keinen Halt geben, keine Gewissheiten vermitteln kann, auf die sich ein Verbindlichkeitsanspruch von gemeinsam geteilten Normen und Werten gründen ließe.

Diskussionsfragen:

- Worin unterscheidet sich Emile Durkheims Integrationstheorie von Adam Smith' und Thomas Hobbes' analogen Konzeptionen?
- Was versteht Durkheim unter "Anomie"?
- Was versteht Durkheim unter "nicht-kontraktuellen Elementen" von Verträgen?

Kapitel 4: Was sind „soziale Tatsachen"?
Zur Methodologie Emile Durkheims

> **Zusammenfassung:**
> Durkheim stellte fest, dass der Positivismus an seine Grenzen stößt, sobald man ihn auf gesellschaftliche Tatsachen anwenden möchte. Soziale Tatsachen sind für ihn Handlungs- und Bewusstseinsformen. Es handelt sich um eingefahrene, relativ beständige Eigenschaften der gesellschaftlichen Realität. Sie sind also dynamisch und führen so etwas wie ein Eigenleben. Zudem zeigt er anhand des Beispiels Selbstmord wie auch dieser Teil eines sozialen Tatbestands sein kann und nicht auf psychologische Gesetzmäßigkeiten zu reduzieren ist.

Im Laufe des 19. Jahrhunderts entwickelte sich die Naturwissenschaft zur Leitdisziplin. Das färbte auch auf die Philosophie und die erst Ende des 19. Jahrhunderts entstehende neue Wissenschaft der Soziologie ab. Auguste Comte (1798-1857) und sein Lehrmeister Claude Henri Comte de Saint-Simon (1760-1825) arbeiteten in Frankreich an der Entwicklung einer naturwissenschaftlich ausgerichteten Gesellschaftstheorie. Diese hatte ihre Wurzeln in der französischen Aufklärungsphilosophie. Man bezeichnet diese Richtung der Sozialphilosophie auch als *Positivismus*. Im philosophischen und später im soziologischen Positivismus steht die Suche gleichsam nach „Naturgesetzen" des geistigen bzw. gesellschaftlichen Lebens und der Geschichte im Vordergrund des Interesses. Der Erkenntnisprozess soll ausschließlich an beobachtbaren, erfahrbaren und damit messbaren, eben *positivistischen* Tatsachen und nicht an metaphysischer Spekulation ausgerichtet werden. Im Kern ging es darum, einen Transfer von naturwissenschaftlichen Methoden in die Gesellschaftswissenschaft zu erreichen. Die Wortführer dieser geistigen Strömung versprachen sich davon nähere Aufschlüsse über die Entwicklungsgesetze der modernen Gesellschaft, auch über die Möglichkeiten, den Krisenerscheinungen der Moderne planvoll und kontrolliert entgegenzusteuern. Es war in diesem Zusammenhang Auguste Comte, der den Begriff *Soziologie*, in Anlehnung an den älteren Begriff *physique social*, prägte. Die "Gesellschaft" wurde so zum Gegenstand *objektiv-wissenschaftlicher* Betrachtung und deren Erforschung von den älteren theologischen und moralphilosophischen Traditionen gelöst.

Emile Durkheim war ursprünglich ein überzeugter Positivist. Er erkannte allerdings schon früh, dass der Positivismus an Grenzen stößt, nämlich dann, wenn man ihn auf gesellschaftliche Tatbestände anwenden möchte. Phänomene des Soziallebens lassen sich nicht ohne weiteres wie Objekte naturwissenschaftlicher Beobachtung erforschen. Das liegt daran, dass gesellschaftliche Tatsachen Produkte menschlichen Denkens und Handelns sind. Sie unterliegen damit subjektiven Deutungsprozessen und, was wichtiger ist, der soziologische Beobachter ist immer Teil des sozialen Geschehens. Es gibt keinen Standpunkt außerhalb der Gesellschaft, der als privilegierter Ort objektiver Erkenntnis gelten könnte. Hinzu kommt, dass alles, was gesellschaftlich ist, letztlich immer von individuellen Handlungen ausgeht und insofern analytisch auch auf diese zurückgeführt werden muss. Gesellschaft ist also weder eine Wesenheit für sich noch eine substanzielle Entität. Das hat wesentlich damit zu tun, dass alles gesellschaftliche Handeln stets auf Ausdrucksformen sinnhaften Erlebens und Kommunizierens basiert. Es wird nicht nach dem Muster eines Reiz-Reaktions-Ablauf determiniert, ist also nicht als biologische Tatsache zu begreifen. Daraus folgt als erkenntnistheoretisches Leitprinzip soziologischen Denkens: Erklärungen für gesellschaftliche, also von Menschen gemachte und damit historische, also prinzipiell veränderbare Phänomene in Denkmustern der Naturwissenschaften, etwa der Biologie, Genetik, Hirnforschung oder Verhaltenspsychologie, führen zu verzerrten und letztlich irreführenden Ergebnissen. Das käme einem naturalistischen Fehlschluss gleich. Die kognitive Dimension sozialen Handelns erweist sich insofern als grundlegend für das soziale Leben schlechthin. Schließlich ist noch zu berücksichtigen, dass die sozialen Phänomene stets einer großen Variabilität, das heißt beständigen Wandlungsprozessen, unterliegen, mithin historischen Veränderungen unterworfen sind.

Unter diesen Prämissen ging Durkheim der Frage nach, wie sich die spezifische analytische Perspektive und das grundlegende und unverwechselbare Objekt der Soziologie bestimmen lässt. Denn nur wenn das klar ist, kann die Soziologie entsprechende Grenzziehungen etwa gegenüber der Philosophie, Psychologie und naturwissenschaftlichen Fragestellungen vornehmen und sich dadurch als selbständige wissenschaftliche Disziplin etablieren. Die entscheidende Frage lautet: Was ist eine „soziale Tatsache"? Für den französischen Begründer der Soziologie basieren alle modernen Wissenschaften letztlich auf empirischer Beobachtung sowie auf logischer Analyse. Sie haben es jedoch mit jeweils besonderen Fragestellungen und Problemen zu tun. Daher bringen die Wissenschaften je eigene Methoden und Theorien hervor. In den Naturwissenschaften, man denke an die Chemie oder die Biologie, spielt das Experiment beim Forschungsprozess eine zentrale Rolle. Bei Experimenten handelt es sich um eine planmäßige Beobachtung bestimmter Sachverhalte und ihrer Veränderungen unter vom Forscher kontrollierten und gezielt veränderten, meist stark reduzierten Bedingungen. Dabei werden die beobachteten Vorgänge, etwa das Verhalten von Ratten oder thermodynamische Prozesse, durch die Anwendung bestimmter chemischer oder physikalischer Stimuli bzw. Interventionen hervorgerufen. Ein solches Verfahren ist in Bezug auf gesamtgesellschaftliche Tatbestände nicht ohne Weiteres anwendbar. Nicht zuletzt, weil der soziologische Beobachter immer Teil des Geschehens, das er untersucht ist, mithin die Distanz zu den Gegenständen fehlt. Darüber hinaus sind soziale Prozesse, wie zum Beispiel Kriege, soziale Konflikte oder Staatsbildungen, in der Regel nicht in einer experimentellen Versuchsanordnung, die die Einflussfaktoren ja immer stark begrenzen muss, um zu eindeutigen Befunden zu gelangen, abbilden. Daher schlug Durkheim einen anderen, einen gänzlich neuen Weg zur Entwicklung einer soziologischen Methode ein, die er wie folgt definiert:

> „Ein soziologischer Tatbestand ist jede mehr oder minder festgelegte Art des Handelns, die die Fähigkeit besitzt, auf den Einzelnen einen äußeren Zwang auszuüben; oder auch, die im Bereiche einer gegebenen Gesellschaft allgemein auftritt, wobei sie ein von ihren individuellen Äußerungen unabhängiges Eigenleben besitzt." (Durkheim 1984, S. 114).

An einer anderen Stelle im selben Werk formuliert Durkheim diesen Sachverhalt folgendermaßen:

> „Wir finden also besondere Arten des Handelns, Denkens, Fühlens, deren wesentliche Eigentümlichkeit darin besteht, daß sie außerhalb des individuellen Bewusstseins existieren." (ebd., S. 106).

Für Durkheim sind *soziale Tatsachen* also Handlungs- und Bewusstseinsformen, die *mehr oder minder festgelegt* sind. Es handelt sich um eingefahrene, relativ beständige Eigenschaften der gesellschaftlichen Realität. Sie führen darüber hinaus, Durkheim zufolge, ein Eigenleben. Das bedeutet, dass sie nicht durch die handelnden Individuen in ihren Abläufen und Wirkungen vollständig kontrolliert werden können. Mit anderen Worten, Durkheim zielt hier auf eine Art von *Eigendynamik* des Sozialen, also überindividuelle Eigenschaften aufweisen. Das kommt nicht zuletzt darin zum Ausdruck, dass für ihn die Einheit aller sozialen Tatsachen, die "Gesellschaft" als ganze, sowie jeder einzelne sozialer Tatsachenkomplex – etwa die Familie, eine Organisation oder das Rechtssystem – einen „äußeren Zwang" auf die Individuen ausübt. Aus Sicht der Subjekte ist Gesellschaft insofern eine höhere Macht, wenn man so will, eine "Übermacht", die dem Einzelnen und dessen Handlungen Grenzen setzt, ihm bestimmte moralische oder funktional-sachliche Restriktionen auferlegt und ihn damit reglementiert. Die sozialen Tatbestände konfrontieren somit die Individuen mit *überindividuellen* Anforderungen und Zwängen. Mit anderen Worten: Soziologische Tatbestände basieren in der Sicht Durkheims auf gesellschaftlichen Regeln, Normen und Sanktionen. Sie gewinnen damit eine *moralische Qualität*.

Machen wir uns diesen Grundbegriff der soziologischen Theorie an einigen Beispielen deutlich: Das Wirtschaftssystem entspricht dem Durkheim'schen Begriff der „soziologischen Tatsache", insofern es von keiner Einzelperson geschaffen wurde. Die Wirtschaft folgt eigenen „Gesetzen" (u.a. den Marktgesetzen). Die Individuen, das erfahren wir tagtäglich, können sich dem, wie Karl Marx es einmal ausgedrückt hat, „geheimen *Zwang* der ökonomischen Verhältnisse" nicht entziehen. Man benötigt Geld, um die Wohnungsmiete zu bezahlen, um Lebensmittel, Kleider und dergleichen einkaufen zu können und auf Partys, ins Kino oder ins Museum gehen zu können. Zahlungsfähigkeit ist eine unverzichtbare Voraussetzung für die Nutzung notwendiger ökonomischer und sozialer Funktionen, wie ein Dach über dem Kopf zu haben, die Nutzung des öffentlichen Verkehrs, des Internets oder der Handys. Vermittelt über das Einkommen, das die Individuen benötigen, übt die Wirtschaft Macht über das Leben aller Menschen aus, und zwar ganz unmittelbar und direkt. Manche Personen haben großen Einfluss, so z.B. Unternehmer oder Entscheidungsträger in der Regierung, die wirtschaftspolitische Weichenstellungen vornehmen. Arme und sozial Benachteiligte leben dagegen am Rande des Wirtschafts- und Gesellschaftssystems, weil sie nur über wenig Geld verfügen. Die Wirtschaft existiert letztlich aber nur als Resultat der Wahlhandlungen und Entscheidungen unendlich vieler Individuen und zahlreicher Gruppen, die über den Markt interagieren (Unternehmer, Manager, Konsumenten etc.). Bemerkenswert ist auch, dass das Wirtschaftsleben eine Eigendynamik entfaltet, und das nicht nur in Krisensituationen, wenn es zu Rezessionen oder Inflation kommt, sondern generell in allen Konjunkturverläufen. Eine solche Dynamik resultiert aus der weltweiten anonymen Interaktion unzähliger Wirtschaftssubjekte. Sie ist in ihrer Gesamtheit durch einzelne Akteure und selbst durch sehr mächtige Akteursgruppen nicht wirklich steuerbar. Die Dynamik der Preise ist das beste Beispiel dafür. Politisch motivierte Wirtschaftssteuerung wie etwa bei der chinesischen Plan- oder Staatswirtschaft, funktioniert reibungslos nur unter der Voraussetzung der Globalisierung.

Ein anschauliches Beispiel für soziale Tatsachen bietet Durkheims selbst, mi seiner vielbeachteten Selbstmordstudie (Durkheim 1983). Es ist eher unüblich, den Suizid als sozialen Tatbestand zu betrachten. Normalerweise halten wir Suizide für eine sehr persönliche menschliche Handlung, die meist auf Verzweiflung, Depressionen oder andere psychische Erkrankungen zurückgeführt, daher gemeinhin als medizinisches oder psychiatrisches Problem betrachtet wird. Dementsprechend liegt eine individualpsychologische Erklärungsweise des Suizids normalerweise näher als eine soziologische.

Genau das sieht Durkheim anders: Wie viele andere soziale Tatbestände lässt sich auch der Suizid als Kollektivphänomen begreifen und statistisch erfassen. Dabei zeigen sich relativ konstante Entwicklungstendenzen und Veränderungen. Es versteht sich von selbst, dass die Suizidraten nicht in Prozenten, sondern in Promille berechnet werden. Emile Durkheims Studie zum Suizid (Durkheim 1983) basiert auf einer Reihe einschlägiger historischer und international vergleichender Daten. Durkheim erkannte, dass der Selbstmord nicht bei allen sozialen Gruppen gleichermaßen häufig auftritt. Es gibt einige Gruppen, bei denen höhere Suizidraten und andere, bei denen geringere Ausprägungen festzustellen sind. Die Entwicklung der Selbstmordraten steht häufig auch in einem signifikanten Zusammenhang, so Durkheims wichtigster Befund, mit sozialen Faktoren, wie dem Wandel des Selbstverständnisses von jungen Menschen, den dominierenden Werten, der politischen Regimeform, z.B. totalitären Regimen, oder spezifischer Lebensformen, z.B. in militärischen Organisationen. Auch ist ein deutlicher Zusammenhang mit dem Geschlecht, dem Familienstand und der Konfession festzustellen.

So stellte der französische Soziologe fest, dass Frauen häufiger als Männer als psychisch krank diagnostiziert wurden, aber deutlich weniger davon suizidanfällig waren. Es gab darüber hinaus mehr Selbstmorde bei sonnigem Wetter als beispielsweise an kalten und trüben Wintertagen. Protestanten begingen mehr Selbstmord als Katholiken und Juden. Unverheiratete Männer begingen deutlich öfter Selbstmord als verheiratete Männer. Das sind nach Durkheim alles Hinweise auf die Bedeutung sozialer Bindungsfaktoren. Sind diese stabil kommt es zu weniger Selbstmorden, während umgekehrt bei vermehrter sozialer Isolation der Menschen die Suizidraten ansteigen. Bestimmte zeitliche Varianzen von Selbstmordraten lassen sich zudem auf gesellschaftliche Veränderungsprozesse zurückführen: So ist bei raschen wirtschaftlichen Auf- und Abschwüngen, in Krisen, aber auch in Prosperitätsphasen, mit höheren Selbstmordzahlen zu rechnen als in Zeiten ruhigerer Konjunkturentwicklung. Durkheim erklärt diese Zusammenhänge damit, dass ein beschleunigter sozialer Wandel die kulturell definierten sozialen Normen sowie tradierten Selbstverständlichkeiten der Menschen – die dem Leben Sinn geben, den Individuen ein starkes Identitätsgefühl vermitteln und gleichzeitig deren egoistischen Bestrebungen Grenzen setzen – tendenziell untergräbt und brüchig werden lässt.

Durkheim sieht also im Selbstmord, ganz anders als Psychologen oder Mediziner, eine genuine soziologische Tatsache. Er gewinnt daraus grundlegende Erkenntnisse über gesellschaftliche Entwicklungstendenzen. In *typologischer* Hinsicht unterscheidet Durkheim drei Klassen von Selbstmorden, die jeweils auf Besonderheiten der sozialen Bedingungen hindeuten:

Der *egoistische Selbstmord*: Dieser Selbstmord ist auf eine soziale Isolierung von Individuen zurückzuführen, die sich auf sich selbst gestellt fühlen und ihrem Leben nur mehr durch egoistische Interessenverfolgung Sinn zu geben vermögen. Dem egoistischen Selbstmord begegnet man verstärkt in Zeiten, in denen die Religion und damit traditionelle Wertorientierungen an Bedeutung als Bindemittel für Kollektive verlieren.

Den zweiten Typus des Selbstmordes nennt Durkheim den *altruistischen Selbstmord*. Dieser ist vor allem in tribalen Gesellschaften und in sogenannten *totalen Institutionen* (Erving Goffman) vorzufinden, in denen das Kollektiv jede Individualität unterdrückt und den einzelnen Menschen zum Instrument der Gruppe macht. Exemplarisch für eine totale Institution ist das Militär, in dem sich in der Regel die Selbstmordquoten auf einem relativ hohen Niveau bewegen. Außerdem sind von archaischen Gesellschaften Bräuche überliefert, die kranke und altersschwache Menschen sogar zum Selbstmord zwingen.

Aufschlussreich sind in dieser Hinsicht auch Selbstmorde von Frauen nach dem Tod ihres Gatten sowie Selbstmorde von Gefolgsleuten oder Dienern nach dem Tod von Herrschern. In diesen Fällen begeht der Mensch also nicht Selbstmord, weil er sich das Recht dazu nimmt, sondern, und das ist ein großer Unterschied, weil er dazu *verpflichtet* ist oder sich selbst dazu verpflichtet fühlt. Kommt er seiner Pflicht nicht nach, könnte er der Schande der Gemeinschaft ausgesetzt sein und müsste gegebenenfalls sogar mit Strafen rechnen.

Der dritte Typus ist der *anomische Selbstmord*. Das ist der typische Fall von krisenbedingten Suiziden. Die wichtigste soziale Ursache für dieses Phänomen ist, dass das Handeln der Menschen regel- und orientierungslos wird und dadurch bei ihnen ein Leidensdruck entsteht. Regellosigkeit tritt häufig bei oder nach kriegerischen Auseinandersetzungen, schweren ökonomischen Krisen oder auch moralischen Sinnkrisen auf. Dies sind im Allgemeinen Situationen, bei denen die gewohnten Regeln und Orientierungen der Menschen unsicher geworden sind und viele ihren Halt und Kompass verlieren.

In den Worten Durkheims:

> „(Der anomische Selbstmord, M.B.) unterscheidet sich dadurch, daß er nicht von der Art und Weise bestimmt ist, in der der Einzelne mit seiner Gesellschaft verbunden ist, sondern in der Art, in der diese ihre Mitglie-

der reguliert. Der egoistische Selbstmord bestimmt sich daraus, daß die Menschen im Leben keinen Sinn mehr sehen; der altruistische Selbstmord daher, daß ihnen dieser Sinn als außerhalb des eigentlichen Lebens liegend erscheint; die dritte Art von Selbstmord, die wir eben festgestellt haben, daraus, daß ihr Handeln regellos wird und sie darunter leiden." (Durkheim 1983, S. 295f.).

Der Selbstmord wird also von Durkheim, ebenso übrigens wie sein Gegenpart, die gesellschaftliche Solidarität, als soziale Tatsache betrachtet. Wie wir sahen, handelt es sich dabei um Eigenschaften oder Qualitäten des sozialen Lebens selbst. Es sind nicht rein individuelle Ausdrucksformen. Die Phänomene des Sozialen erweisen sich im Vergleich zu Letzteren als im hohen Masse stabil; sie sind freilich nie vollkommen unveränderlich, da alles, was sich in der Gesellschaft ereignet, in der Dimension der Zeit stattfindet und damit Veränderungen unterliegt. Deutlich werden sollte auch, dass die soziale Realität sich nicht mittels unveränderlicher, ewiger Gesetze beschreiben lässt. Die Beziehungen zwischen sozialen Tatsachen variieren erheblich. Schließlich ist zusammenfassend noch festzuhalten, dass soziale Tatsachen und Konstellationen von sozialen Tatsachen stets als Resultat von individuellen oder kollektiven Handlungen aufzufassen sind. Interessanterweise wird das Resultat dabei oft gar nicht von den Akteuren intendiert, also bewusst angestrebt, wie z.B. ein Börsenkrach oder ein Stau auf der Autobahn. Es handelt sich zwar immer um ungeplante Nebenfolgen des Zusammenspiels einer Vielzahl von Handlungen; dennoch verdeutlichen die beiden Beispiele *nicht-intendierte* Effekte absichtsvollen Handelns oder sogenannte *Aggregationseffekte*, wobei sich die Wirkungen spontan aus dem Zusammenspiel vieler Elemente ergeben.

Wir wissen jetzt, was Durkheim unter einer sozialen Tatsache verstand. Darauf aufbauend entwickelte er die Grundelemente seiner soziologischen Methode. Das erste Kriterium lautet, soziale Tatsachen „wie Dinge" zu betrachten. Aber Vorsicht! Soziale Tatsachen sind natürlich keine Dinge im materiellen greifbaren Sinn, sondern kollektive Phänomene und Prozesse. Es geht jedoch darum, sie so zu betrachten, *als ob* es Dinge wären. Damit verbindet Durkheim vor allem das Gebot der methodischen *Distanz* und des ständigen Bemühens um Objektivität.

Das zweite methodische Grundgebot lautet: Soziale Tatsachen sollen nur durch soziale Tatsachen erklärt werden. Das ist zweifellos eine Verengung der Sichtweise, denn soziale Tatsachen unterliegen stets vielfältigen Kausaleinflüssen, darunter auch biologischen, klimatischen oder psychischen. Die Soziologie beschränkt sich jedoch auf eine soziologische Erklärung, die ihrerseits nur soziale Tatsachen als relevante Erklärungsvariablen berücksichtigt. Damit lässt sich freilich nicht alles umfassend erklären. Aber es gilt, gerade die Reichweite der soziologischen Erklärung immer wieder auszuloten. So erklärt Durkheim den Selbstmord aus der Einwirkung bestimmter sozialer Faktoren und nicht etwa mit Bezug auf Klimaänderungen, genetische Dispositionen oder biochemische Prozesse, obwohl diese Faktoren möglicherweise auch einen Einfluss haben mögen. Wie jede neue Wissenschaft konstituierte sich auch die Soziologie mit eigenständigen Fragestellungen, Objektbestimmungen und einem speziellen Methodenverständnis. Sie will damit keineswegs die Erklärungskraft anderer Wissenschaften schmälern oder gar ersetzen. Sie grenzt sich aber von den anderen Disziplinen mittels eigenständiger Problemstellungen und Erklärungsstrategien sowie eines spezifischen methodischen Grundverständnisses ab.

Entscheidend für die Etablierung der Soziologie als eigenständiger Disziplin ist – das mag manchen überraschen – eine nachdrückliche Distanz zur Moral. Schon Durkheim stellte klar, dass die Soziologie keine „Moralwissenschaft", wohl aber eine „Wissenschaft *von der* Moral" sei, insofern Tatsachen des moralischen Lebens, beispielsweise die Ehe oder religiöse Richtungen oder Erziehungsnormen, eben als soziale Tatsachen aufzufassen sind.

Lassen wir noch einmal Durkheim selbst sprechen:

> „Wir wollen die Moral nicht aus der Wissenschaft ableiten, sondern die Wissenschaft von der Moral betreiben, was etwas ganz anderes ist. Die moralischen Fakten sind Phänomene wie alle anderen auch. Sie bestehen aus Verhaltensregeln, die man an bestimmten Merkmalen erkennen kann. So muss es möglich sein, sie zu beobachten, sie zu beschreiben, sie zu klassifizieren und die Gesetze zu suchen, die sie erklären." (Durkheim 1992, S. 76).

Halten wir also fest: Die Soziologie Durkheims soll eine Wissenschaft sein, die primär an objektiven Erkenntnissen interessiert ist und nicht an moralischen Urteilen oder literarischen Sprachspielen. Im Zentrum des soziologischen Forschungsinteresses stehen *kollektive* Wirkungszusammenhänge als soziale Tatbestände und nicht Individuen, deren Psychen oder emotionalen Befindlichkeiten. Kollektive Wirkungszusammenhänge verdichten sich zu Kollektivgebilden, wie soziale Institutionen (Familie, Staat, Universität etc.), Organisationen (Unternehmen, NGO, Verbände und dgl.), Kulturen oder gesellschaftlichen Teilsystemen (Wirtschaft, Politik, Wissenschaft, Kunst u.v.m.). Universale soziale Prozesse, wie *soziale Integration, soziale Ungleichheit, soziale Differenzierung* und *sozialer Wandel*, gehören zu den wichtigsten Forschungsgegenständen der modernen Soziologie.

Durkheim war einer der bedeutendsten Wegbereiter der modernen Soziologie. Er entwickelte deren wichtigste methodische Grundlagen und erprobte diese an zahlreichen Fragestellungen. Sein Hauptinteresse galt den Voraussetzungen von gesellschaftlicher Integration und Ordnung unter Modernitätsbedingungen.

Kapitel 4: Was sind „soziale Tatsachen"? Zur Methodologie Emile Durkheims

Diskussionsfragen:

- Was versteht Emile Durkheim unter einer "sozialen Tatsache", und warum war deren Bestimmung von fundamentaler Bedeutung für die Etablierung der Soziologie als eigenständige wissenschaftliche Disziplin?
- Welche Einsichten ergeben sich, wenn man den Selbstmord mit Durkheim als soziale Tatsache betrachtet?
- Was folgt aus Durkheims Unterscheidung zwischen einer "Wissenschaft von der Moral" und einer "Moralwissenschaft" für die Beurteilung ethischer Fragen?

Kapitel 5: Georg Simmel: „Wechselwirkungen" und „Vergesellschaftung"[3]

> **Zusammenfassung:**
>
> Das fünfte Kapitel handelt von Georg Simmel, der sich mit der Entstehung, dem Aufbau und dem Wandel von Gesellschaften beschäftigt. Außerdem zeigt er auf, wie wichtig es ist, dies in einer eigenen Wissenschaft, der Soziologie, zu untersuchen. Bei ihm entsteht die Gesellschaft aus Individuen. Diese können auch in Zweierbeziehungen und Gruppen agieren und befinden sich ständig in Austausch und Veränderung.

Georg Simmels (1858-1918) Leben wurde tief von der Großstadt geprägt. Durch das Studium der Philosophie Kants lernte er die Arbeit mit Begriffen. Davon ausgehend beschäftigte er sich mit Fragen der Kultur, Geschichte, Psychologie, Religion, Ästhetik, Moral und Gesellschaft. An Simmel scheiden sich die Geister: Die einen bewundern seine interdisziplinäre Vielseitigkeit und Originalität. Andere halten sein Werk für „bürgerlich", „relativistisch" und „impressionistisch" im Sinne eines falschen oder unklaren Standpunktes. Die Nazis verbrannten seine Bücher. Vordenker der Linken wie Georg Lukács – ein Schüler Simmels – und Theodor W. Adorno äußerten sich deutlich ablehnend. Jürgen Habermas betonte dagegen auch seine Verdienste. Das förderte seine späte Rehabilitierung als „Klassiker" der Soziologie. Wenn der Philosoph Simmel auch betont hatte, er betreibe Soziologie „nur im Nebenfach", rechtfertigen seine Beiträge und Anregungen doch, ihn als einen der wichtigsten Wegbereiter soziologischen Denkens in Deutschland zu würdigen.

Wie seine Zeitgenossen Emile Durkheim, Vilfredo Pareto und Max Weber sah sich Simmel herausgefordert, die Soziologie als eigenständige Disziplin zu begründen. Im Zuge der Aufklärung und Moderne hatten sich die Wissenschaften rasch differenziert. Die Naturwissenschaften waren um die Biologie bereichert worden, die durch den Begriff des Organismus und durch Darwins Evolutionstheorie auch die Sicht auf die menschliche Gesellschaft entscheidend veränderte. Mit der Erfahrung sozialen Wandels und Fortschritts gewann die Geschichtswissenschaft an Bedeutung. Die Nationalökonomie wuchs an der Aufgabe, die Dynamik der kapitalistischen Wirtschaft zu erklären. Gegen Ende des 19. Jahrhunderts erwartete man von der Psychologie nicht nur ein besseres Verständnis der einzelnen Menschen, sondern auch der Kulturen („Völkerpsychologie"). Die Politikwissenschaft hatte seit jeher schon das Ganze der in Staaten organisierten Menschen im Blick. Nicht zu vergessen die Geografie, die sich um die Erkundung ferner Länder und Kolonien bemühte. Alle diese Wissenschaften hatten mit Gesellschaft zu tun. Simmel stellte fest, dass es fächerübergreifend einen Trend gab, soziale Phänomene nicht mehr vom einzelnen Individuum her zu erklären, sondern, wie auch Durkheim, zunehmend durch überindividuelle „Kollektivbewegungen" und besondere „soziale Kräfte". Um daraus aber eine eigenständige Wissenschaft zu entwickeln, war eine genaue Beschreibung des konkreten Gegenstandes und der Probleme der

---

[3] Unter Mitarbeit von Berthold Oelze.

Soziologie nötig. Es ging darum zu erklären, wie die Gesellschaft entsteht und sich verändert, wie sie aufgebaut ist und was sie im Inneren zusammenhält. Und es ging darum, zu zeigen, dass die Besonderheit des Sozialen von den bisherigen Wissenschaften, zumal von den Naturwissenschaften nicht hinreichend erfasst werden konnte.

Bereits früh hatte Simmel die enorme Vielfalt, Wandelbarkeit und Entwicklungsfähigkeit des Sozialen erkannt. Den tiefsten Grund dafür fand er in den *lebendigen Wechselwirkungen* der Menschen untereinander. Mit diesem Begriff begründete er dann die Eigenständigkeit der Soziologie.

„Wechselwirkung" bedeutete eine entscheidende Differenz zu den Naturwissenschaften, die es meist mit eindimensional kausalen Wirkungen von Gegenständen auf Gegenstände zu tun haben. Wechselwirkungen sind komplexer als Wirkungen und schwer vorauszuberechnen: In einer Wechselwirkung gibt es mindestens zwei Ursachen, die zugleich Wirkungen sind – wie in einem Streit, bei dem häufig gar nicht festzustellen ist, wer ihn angefangen hat. Und wenn doch von einem die Initiative ausgeht, so wirkt der andere auf ihn zurück. Wo immer zwei oder mehr zusammen sind, werden in jedem Moment Wirkungen und Rückwirkungen ausgetauscht; das entspricht dem Mechanismus von Zirkulärstimulation oder den Rückkopplungseffekten, wie man sie aus der Elektronik, Informationstechnik und Psychologie kennt.

Darauf gründet Simmels Soziologie der Sinne, wie er am zwischenmenschlichen Blickkontakt eindringlich veranschaulicht

> „Unter den einzelnen Sinnesorganen ist das Auge auf eine völlig einzigartige soziologische Leistung angelegt: auf die Verknüpfung und Wechselwirkung der Individuen, die in dem gegenseitigen Sichanblicken liegt. Vielleicht ist dies die unmittelbarste und reinste Wechselbeziehung, die überhaupt besteht [...]. Die höchst lebendige Wechselwirkung aber, in die der Blick von Auge in Auge die Menschen verwebt, kristallisiert zu keinerlei objektivem Gebilde,"

sondern

> „bleibt unmittelbar in das Geschehen, in die Funktion aufgelöst. Und so stark und fein ist die Verbindung, dass sie nur durch die kürzeste, die gerade Linie zwischen den Augen getragen wird, und daß die geringste Abweichung von dieser, das leiseste Zurseitesehen, das Einzigartige dieser Verbindung völlig zerstört ... der ganze Verkehr der Menschen, ihr Sichverstehen und Sichzurückweisen, ihre Intimität und ihre Kühle, wäre in unausrechenbarer Weise geändert, wenn der Blick von Auge zu Auge nicht bestünde [...]." (Simmel 1992, S. 723).

Über die Feinheiten des Blickkontakts hinaus verfügen die Menschen über ein ganzes Arsenal subtiler bis grober Mittel zur unbewussten bis hin zu strategisch geplanter Beeinflussung. Die Wechselwirkung ist somit der Inbegriff dessen, was *zwischen* den Menschen stattfindet, was sie verbindet und soziale Beziehungen aufbaut. Die Amerikaner – Simmel publizierte auch im *American Journal of Sociology*, und der Pionier der amerikanischen Soziologie, Robert E. Park, hatte Simmels Vorlesungen besucht – übersetzten „Wechselwirkung" mangels passender englischer Begriffe mit *interaction*. Insofern hat die soziologische Interaktionsforschung ihre theoretischen Anfänge und Grundlagen nicht zuletzt in Simmels Grundlegung der Soziologie.

Alle programmatischen Begriffe, die Simmel zur Beschreibung der Aufgaben der Soziologie einsetzt, lassen sich aus dem Begriff der Wechselwirkung ableiten oder verweisen auf ihn zurück. Das gilt auch für den Begriff der Gesellschaft selbst.

> „Ich gehe [...] von der weitesten, den Streit um Definitionen möglichst vermeidenden Vorstellung der Gesellschaft aus: daß sie da existiert, wo mehrere Individuen in Wechselwirkung treten. Diese Wechselwirkung entsteht immer aus bestimmten Trieben heraus und um bestimmter Zwecke willen. Erotische, religiöse oder bloß gesellige Triebe, Zwecke der Verteidigung wie des Angriffs, des Spiels wie des Erwerbs, der Hilfeleistung wie der Belehrung und unzählige andere bewirken es, daß der Mensch in ein Zusammensein, ein Füreinander-, Miteinander- und Gegeneinander-Handeln [...] mit anderen tritt, d.h. Wirkungen auf sie ausübt und Wirkungen von ihnen empfängt. Diese Wechselwirkungen bedeuten, daß aus den individuellen Trägern jener veranlassenden Triebe und Zwecke eine Einheit, eben eine ‚Gesellschaft' wird." (Simmel 1992, S. 17).

Wechselwirkungen sind demnach die elementaren Prozesse, die Menschen zu Mitgliedern von Gruppen und der gesamten Gesellschaft als übergreifende Einheit aller Gruppen machen. Der Begriff Wechselwirkung eröffnet darüber hinaus eine neue Sicht der Gesellschaft: Gesellschaft ist *nichts Statisches*, kein fester, garantierter Bestand, sondern dass sich ständig wandelnde Resultat von unendlich vielen kleinen und großen Wechselwirkungszusammenhängen: *ein dynamischer Prozess*. Damit erteilt Simmel Tendenzen der Verdinglichung und des Naturalismus, die für den Positivismus als Doktrin exakten naturwissenschaftlichen Forschens typisch sind, eine klare Absage. *Verdinglichung* heißt: ein komplexes soziales Geschehen als gegebene und unveränderliche Sache behandeln. *Naturalismus* heißt: die Menschen als Urheber ausblenden und soziale Prozesse und Produkte wie Naturtatsachen behandeln. Beides sind Missverständnisse und Verkürzungen (Reduktionismen). Demgegenüber sieht Simmel das Soziale radikal „verflüssigt" und dynamisiert. Seine Auffassung von Soziologie ist einem *Denken in Prozessen, Relationen und Funktionen* verpflichtet.

> „Gesellschaft ist [...] keine Substanz [...], sondern ein Geschehen [...] auch das Geschehen, die Dynamik des Wirkens und Leidens, mit der diese Individuen sich gegenseitig modifizieren, ist etwas Wirkliches und Erforschbares." (Simmel 1999, S. 70).

Das Interesse an Wechselwirkungen führt zum Verständnis der Gesellschaft als dynamischen Prozess. Deshalb möchte Simmel lieber von „Vergesellschaftung" als von „Gesellschaft" reden. „Vergesellschaftung" bezeichnet, was soziale Wechselwirkungen an sozialen Gebilden hervorbringen. Simmel versteht darunter *die Emergenz, das ungeplante Hervortreten von relativ stabilen Formen (Strukturen) des Zusammenlebens*. Eine zufällige, flüchtige soziale Wechselwirkung begründet noch keine besondere Beziehung. Dazu kommt es erst, wenn soziale Wechselwirkungen sich intensivieren und differenzieren. Zeigen sie Beständigkeit, dann verdichten sich Bande von Mensch zu Mensch. Im lebendigen Austausch entstehen völlig neue, überindividuelle Qualitäten, die ein Einzelner allein niemals hervorbringen könnte: Beziehungsqualitäten, wie z.B. Sympathie, Freundschaft und Liebe, aber auch Antipathie, Feindschaft und Hass. Im Unterschied zu der verbreiteten Vorstellung, dass nur Konsens, verständigungsorientierte Kommunikation und moralische Tugenden gesellschaftsbildend wirken, sieht Simmel auch in Konflikten und Feindseligkeiten eine solche Kraft am Werk. Denn die Gesellschaft basiert auf beidem, auf Solidarität und Konflikt. Dies macht ihre dynamische Spannung aus:

> „Fortwährend knüpft sich und löst sich und knüpft sich von neuem die Vergesellschaftung unter den Menschen, ein ewiges Fließen und Pulsieren, das die Individuen verkettet [...]. Daß die Menschen sich gegenseitig anblicken und aufeinander eifersüchtig sind, daß sie sich Briefe schreiben oder miteinander zu Mittag essen [...], daß einer den anderen nach dem Weg fragt und daß sie sich füreinander anziehen und schmücken – all die tausend von Person zu Person spielenden momentanen oder dauernden, bewußten oder unbewußten, vorüber fliegenden oder folgenreichen Beziehungen [...] knüpfen uns unaufhörlich zusammen." (Simmel 1999, S. 68).

„Vergesellschaftung" ist für Simmel jedoch weder ein Entweder-Oder-Kriterium noch eine Konstante, sondern *eine partielle und graduelle Größe*. So gibt es Menschen, die in intensiven, vielfältigen gesellschaftlichen Beziehungen aufgehen, und andere, die nur sporadisch wenige Beziehungen unterhalten. Zwar sind alle Menschen „vergesellschaftet", manche aber mehr, manche weniger. Stets ist der einzelne Mensch *mehr als die Summe seiner sozialen Wechselwirkungen und Rollen*. So ist es möglich, dass er in einer Gesellschaft lebt, dieser aber kritisch distanziert bis hin zur totalen Ablehnung gegenübersteht.

Vergesellschaftung ist für Simmel also kein einheitlicher Prozess, sondern sie entsteht in zahlreichen, oft unscheinbaren Wechselwirkungen von Mensch zu Mensch. Sie baut sich sozusagen atomistisch „von unten" auf und realisiert sich in verschiedenen Formen und Beziehungen. Diese „Formen vergesellschaftender Wechselwirkungen" (Simmel 1992, S. 31) und Beziehungen können nach ihrer Struktur und Qualität unterschieden werden. In ihrer Summe ergeben sie den faktischen „Zusammenhalt zur Gesellschaft".

Das Individuum ist Quelle der *Inhalte*, die durch Wechselwirkungen und Vergesellschaftung in soziale *Formen* überführt werden. „Inhalte" sind vor allem menschliche *Grundbedürfnisse*, wie z.B. Essen, Sexualität und soziale Anerkennung, aber auch kulturelle Interessen, Neigungen, Wünsche und Ideen.

Eine soziale Form, z.B. eine Familie oder ein Verein, kann mit verschiedenen Inhalten gefüllt werden. Die „gleichen formalen Verhaltensweisen", wie z.B. „Über- oder Unterordnung, Konkurrenz, Nachahmung, Arbeitsteilung, Parteibildung, Vertretung" (Simmel 1999, S. 82) usw., können sehr verschiedenen Zwecken dienen und ebenso gut in einer Räuberbande vorkommen wie in einer Religionsgemeinschaft.

Die „Inhalte" sind das „Material" und die treibenden Kräfte für den Aufbau der vielfältigen sozialen Formen und formalen Verhaltensweisen. Sie brauchen keine bestimmte zu ihnen passende Form, um sich sozial zu verwirklichen. Vielmehr können sie sich in verschiedenen Formen manifestieren. So kann z.B. ein Schuft seine niederen Beweggründe in verschiedenen sozialen Situationen und Rollen ausleben: als Vater und Ehemann ebenso gut wie als Arbeitskollege, Unternehmer oder Universitätsprofessor. In der konkreten Wirklichkeit sind Form und Inhalt immer zu einer Einheit verschmolzen. In der soziologischen Analyse aber können beide unterschieden werden.

Das Individuum braucht zur Verwirklichung seiner Inhalte (Bedürfnisse, Interessen) soziale Formen. Ohne soziale Form kein Inhalt und ohne Inhalt keine Form. So sind Form und Inhalt – parallel zur Unterscheidung von Individuum und Gesellschaft – aufeinander bezogen. Die Dualismen Form-Inhalt und Individuum-Gesellschaft sowie die damit eng verbundenen Begriffe Wechselwirkung und Vergesellschaftung bilden gemeinsam den Kern von Simmels Begründung und Definition der Soziologie.

Simmel glaubt, dass

> [...] die Untersuchung der Kräfte, Formen und Entwicklungen der Vergesellschaftung, des Mit-, Für- und Nebeneinander der Individuen, das einzige Objekt einer Sociologie als besonderer Wissenschaft sein kann [...]." (Simmel 1992, S. 57).

Und in der sogenannten „Großen Soziologie" von 1908 schreibt er:

> „Soll es also eine Wissenschaft geben, deren Gegenstand die Gesellschaft und nichts anderes ist, so kann sie nur diese Wechselwirkungen, diese Arten und Formen der Vergesellschaftung untersuchen wollen." (Simmel 1992, S. 19).

Simmel bezeichnet die Untersuchung der *Formen* der Vergesellschaftung als *formale* Soziologie. Diese Bezeichnung kann leicht missverstanden und abwertend gebraucht werden als „nur" formale Soziologie ohne eigentlichen Inhalt, als „nur" allgemeine, abstrakte Theorie. Dabei meint „formale Soziologie" zunächst nichts anderes als die Erforschung der vielfältigen *konkreten Formen* der Vergesellschaftung, die niemals ohne Inhalt sind, sowie die Ableitung allgemeingültiger Erkenntnisse aus diesen Analysen.

Die sozialen Formen, also die Formen der Vergesellschaftung und Wechselwirkung, mit denen die Soziologie es zu tun hat, sind zunächst und vor allem Gruppen. Schon wo zwei Menschen zusammen sind, entsteht eine Gruppe und damit eine spezifische Form der Vergesellschaftung. Auch größere soziale Einheiten, die Nation oder die Weltgesellschaft, können als „Gruppen" aufgefasst werden. Kleine und große Gruppen bieten der Entfaltung der Inhalte des Individuums verschiedene Möglichkeiten. Kleine Gruppen ermöglichen intensiven Austausch und Intimität. Große Gruppen bieten dagegen mehr Freiheit zu Spezialisierungen und zum Rückzug in relative Anonymität. Doch ungeachtet der Unterschiede kann man an kleinen Gruppen vieles lernen, was auch für große Gruppen gilt: Welche Mechanismen Vergesellschaftung hervorbringen und wie sich Gesellschaft aus Wechselwirkungen aufbaut. Zumal große Gruppen oft in kleinere Gruppen untergliedert sind. Beispielsweise gibt es in Unternehmen verschiedene funktionale Ebenen, Abteilungen, Teams und Führungsgruppen, die jeweils besondere Formen der Vergesellschaftung darstellen. In jedem Fall spielt die Größe einer Gruppe, die Anzahl ihrer Mitglieder, eine entscheidende Rolle:

> „(D)ie Einladung von zwei oder mehr Personen, die uns völlig formell und innerlich beziehungslos gegenüberstehen, bringt noch keine Gesellschaft zustande – während dies doch geschieht, wenn wir etwa die fünfzehn uns nächstbefreundeten Menschen zusammenladen. Die Zahl bleibt immer das Entscheidende [...] die Beziehungen des Wirtes zu jedem seiner Gäste für sich, die der Gäste untereinander, die Art, wie jeder Teilnehmer alle diese Beziehungen subjektiv empfindet, bilden die Basis, auf der die Teilnehmerzahl entscheidet, ob eine Gesellschaft oder ein bloßes Beisammensein ... vorliegt. Es bringt hier also jedes Mal eine numerische Modifikation einen sicher empfundenen Umschlag in eine ganz besondere soziologische Kategorie hervor [...]." (Simmel 1992, S. 88).

Formale Quantität (Gruppengröße) schlägt also um in erlebte Qualität. Die Veränderung der Qualität und die damit verbundene Erweiterung sozialer Möglichkeiten werden im Vergleich der Zweiergruppe mit der Dreiergruppe beispielhaft deutlich. Die einfachste Grundform der Vergesellschaftung und sozialen Wechselwirkung ist die Zweierbeziehung. Simmel spricht auch von der „Gesellschaft zu zweien" (Simmel 1992b). Nehmen wir als Beispiele Freundschaft und Ehe. In ihnen haben die Individuen größtes Gewicht. Mit dem Tod eines der beiden endet die Gruppe, während größere Gruppen den Tod eines Mitglieds leicht überdauern können. So belanglos das erscheinen mag, gibt dies der Zweierbeziehung doch ihre besondere Färbung: Man spürt, wie wichtig die eigenen Beiträge sind und dass es ohne den anderen und seine Mitwirkung nicht geht. Man spürt die Fragilität, das Aufeinander-Angewiesen-Sein. Dabei kann eine solche Beziehung großen Rückhalt und Selbstvertrauen geben. Denn in ihr kann man erfahren, dass man durch den Partner weit besser ist, als man es allein je sein könnte. Ein echter Freund fordert und fördert, was an Gutem in uns steckt, weiß es zu schätzen und ermöglicht damit, dass wir uns selbst anerkennen, eben weil wir von ihm anerkannt sind.

Weil die Zweierbeziehung gänzlich von ihren beiden Mitgliedern und den „individuellen Elementen" abhängt, bildet sie keine höhere „überpersönliche Einheit"

(Simmel 1992b, S. 352, vgl. 1992, S. 70). Aber durch die von beiden gemeinsam gelebte und erlebte Qualität kann das Gefühl wachsen, es handle sich doch um etwas „Überpersönliches, etwas an sich Wertvolles und Heiliges". Dies ist sicher bei einer guten Ehe der Fall. Eine Ehe ist „immer und überall mehr als der sexuelle Verkehr", etwas „sozial Vorgeformtes", eine „eigentümliche Verschlingung [...] des Persönlichen und des Überindividuell-Generellen" (Simmel 1992b, S. 353).

Oft wird das Wesen der Ehe im Persönlichsten, Intimsten gesehen, was man in sie hineinbringt und dabei preisgibt. Dies ist eine Folge davon, dass man die Bedeutung der persönlichen Eigentümlichkeiten überschätzt. Für die Funktion und Institution der Ehe ist aber viel wichtiger, welche *sozialen Funktionen* sie erfüllt: Fortpflanzung, Ernährung, Schutz, Versorgung, Erziehung.

Mit dem Hinzukommen eines Dritten verändert sich die Konstellation radikal. Die Gruppe gewinnt potenziell an Dauerhaftigkeit. Asymmetrien werden möglich, sofern A enger mit B verbunden sein kann als mit C oder die bilateralen Beziehungen jeweils andere Qualitäten haben. „So hat z.B. eine Ehe mit einem Kind einen völlig anderen Charakter als eine kinderlose [...]". Sie ist „in vielfacher Hinsicht ein Verhältnis mit zwei Gliedern: die Eltern als Einheit auf der einen, das Kind auf der anderen Seite" (Simmel 1992, S. 117). Durch das gemeinsame Produkt und die gemeinsame Sorge gewinnt die Ehe an Stabilität und wird oftmals erst sozial als „richtige" Ehe anerkannt. Das Kind bindet die Partner stärker aneinander und hält das Ganze zusammen. So wächst in „innerlich disharmonischen Ehen" oftmals der Wunsch, ein Kind zu bekommen. Das Kind wird zu einer „Zwischenstation", welche die Gefühle der Partner zueinander vermittelt.

> „Auch auf dem Gebiet der Eheformen ist der entscheidende Unterschied der, ob überhaupt Monogamie herrscht, oder der Mann noch eine zweite Frau hat [...]. Denn mit dieser setzt eine so gründliche Deklassierung und Entindividualisierung der Frauen ein, eine so entscheidende Reduktion der Beziehung auf ihre sinnliche Seite (da jede geistigere auch immer individuellerer Natur ist) – daß es im allgemeinen zu jenen tieferen Erschütterungen für den Mann nicht kommen wird, die gerade und nur aus dem Doppelverhältnis fließen können." (Simmel 1992, S. 118).

Durch Hinzutreten weiterer Elemente – seien es Frauen, Männer oder Kinder – ergeben sich niemals wieder so radikale Veränderungen wie bei der Erweiterung der Zweiergruppe zur Dreiergruppe. Alles Zusätzliche verstärkt nur die darin bereits vorhandenen Tendenzen und vervielfältigt die sozialen Möglichkeiten.

Drei typische Rollen des Dritten hebt Simmel besonders hervor:

- Der Unparteiische und der Vermittler, der die Beziehung moderiert und stabilisiert.
- Der lachende Dritte (*Tertius gaudens*), der von einem Konflikt zwischen den anderen profitiert.
- *Divide et impera*: Der Dritte lenkt und gestaltet die Kräfte der Beziehung so, dass A und B geschwächt werden und er sich zum Führer der Gruppe

aufschwingt. Er handelt strategisch zum eigenen Vorteil, während der Unparteiische seine Führungsqualitäten in den Dienst der Gruppe stellt.

Mit den Qualitäten dieser Rollen und Beziehungen, besonders mit „Über- und Unterordnung" und mit dem „Streit", beschäftigt sich Simmel in weiteren Kapiteln seiner „Großen Soziologie" von 1908. Was ein Mensch ist und aus sich macht, ergibt sich letztlich, so Simmel, durch seine Gruppenzugehörigkeiten und durch die Rollen, die er darin spielt.

> „Das Individuum ist der Schnittpunkt einer großen Zahl von gesellschaftlichen Kreisen. Es ist Mitglied einer Familie, eines Berufsverbandes, einer Firma, einer Anzahl von Vereinen [...] usw. Mit jeder einzelnen Mitgliedschaft in einer Gruppe wird die Individualität der Person in einzigartiger Weise festgelegt." (Münch 2002, S. 229).

So enthält Simmels Theorie neben der Begründung der Soziologie als eigenständige Wissenschaft auch Theorien der Individualität, der Interaktion, der Gruppen, des Konflikts, der Herrschaft sowie eine frühe Rollentheorie. In seinen Essays finden sich weiterhin Ansätze einer Soziologie des Raumes, der ästhetischen Erfahrung, der Moderne, der Religion, der Geldwirtschaft, der Geschlechter und der Sinne. Dies sind Pionierleistungen, mit denen Simmel seiner Zeit weit voraus war und bis heute anregend wirkt.

Sein Entwurf einer Soziologie, der von den Begriffen Wechselwirkung und Vergesellschaftung ausgeht, stellt konkrete *Interaktionen* von Mensch zu Mensch in den Mittelpunkt. Damit bleibt Simmel einer *mikrosoziologischen Perspektive* verhaftet, die „von unten" her das Ganze der Gesellschaft zu rekonstruieren versucht. So erscheint bei ihm die Gesellschaft als zusammengesetzt aus zahllosen Wechselbeziehungen, aus kleinen und größeren Gruppen. Daher entwickelt er keine Analyse vom gesellschaftlichen Ganzen, keine Makrosoziologie im engeren Sinne.

Die Beschränkung auf eine mikrosoziologische Perspektive und das Ausgehen vom Individuum als Quelle des Sozialen ist Simmels Schwäche und zugleich seine Stärke, denn dadurch gelingt es ihm, persönliche Erfahrungen der modernen Lebenswelt als Mittel und Gegenstände origineller soziologischer Reflexion einzusetzen.

Diskussionsfragen:

- Was versteht Simmel unter "sozialer Wechselwirkung"?
- Was für einen Gesellschaftsbegriff hat Simmel?
- Was versteht Simmel unter "Vergesellschaftung"?
- Welche Rolle spielt nach Simmel die Zahl der Gruppenmitglieder für die Gruppendynamik?

Kapitel 6: Zwischenbetrachtung: Der Gesellschaftsbegriff von Durkheim und Simmel im Theoerienvergleich

> **Zusammenfassung:**
> Die Betrachtung der Theorien Durkheims und Simmels zeigen die Interaktion von Vergesellschaftungen. Diese sind ständig im Wandel. Sie Repräsentieren allerdings mit ihren Leitideen, Wertvorstellungen und Normen das „Bewusstsein" der entsprechenden Gruppe. Sie sind darüber hinaus Ausdruck des Kollektivbewusstseins.

Die kritische Auseinandersetzung einer jüngeren Generation von Gesellschaftstheoretikern mit dem Positivismus gegen Ende des 19. Jahrhunderts resultierte in einem grundlegend neuen Verständnis von Gesellschaft und gesellschaftlichen Prozessen. Es wurde deutlich, dass die "Gesellschaft" weder als eigene Wesenheit noch als eine organische Einheit im Sinne der in der Natur vorkommenden und durch die Physik, Biologie oder Chemie untersuchten Phänomene darstellbar ist. Hinzu kommt, dass die menschliche Evolution weder einen gesetzmäßigen Verlauf nimmt noch davon auszugehen ist, dass sie einem vorherbestimmten (von wem auch?) Ziel in der Zukunft zustrebt, d.h. eine teleologische Gesetzmäßigkeit aufweist. Damit war auch der den Positivisten und im gesamten 19. Jahrhundert so geschätzte Fortschrittsgedanke sowie der damit verbundene Glaube an eine beständige Verbesserung des Menschen und der Gesellschaft in Frage gestellt.

Unter diesen Voraussetzungen stellt sich dann aber auch die Frage neu, wie die *gesellschaftliche Dimension* der menschlichen Realität bestimmbar ist. Welchen Sinn erhält der Begriff „Gesellschaft" in der post-positivistischen Soziologie? Was unterscheidet das spezifisch Gesellschaftliche von anderen Lebens- und Realitätsebenen, etwa von der biologischen, der psychologischen, der geographischen, der ökonomischen oder auch von der Geschichte. Ließe sich das Spezifische des Gesellschaftlichen identifizieren, so eine Grundannahme am Beginn des 20. Jahrhunderts, dann müssten sich nicht nur die Kräfte ausmachen lassen, die das Kollektivleben der Menschen weitgehend beherrschen und denen die Individuen oft mehr oder weniger machtlos ausgeliefert sind, vielmehr müssten die „Eigengesetzlichkeiten" des kollektiven Lebens dann auch besser verstanden werden können. Schließlich sollte sich damit auch die neu entstandene Disziplin der Menschenwissenschaft – die Soziologie – präziser abgrenzen und begründen lassen.

Emile Durkheim beantwortet, wie wir sahen, diese Fragen damit, dass er die gesellschaftliche Dimension in überindividuellen und überpersönlichen Zusammenhängen festmacht, also in Bezügen, die einen normativen Verbindlichkeitsanspruch haben, dadurch einen Zwang auf die Individuen ausüben und als Folge davon Konformität und Homogenität des Verhaltens der Gesellschaftsmitglieder bewirken. Die Gleichförmigkeit des sozialen Verhaltens lässt sich in dieser Perspektive auf bestimmte Wertvorstellungen zurückführen, welche die Individuen einer Gruppe teilen sowie auf die Normen, die damit verknüpft sind.

Werte verkörpern dabei die kollektive Sinndimension des Handelns. Werte sind geteilte allgemeine Vorstellungen darüber, was gut oder böse, was wünschenswert oder unerwünscht ist. Wertvorstellungen besitzen für die Menschen ein hohes Maß an Deutungs- und Orientierungskraft, so z.B. die Wertschätzung, die generell dem Familienzusammenhalt und dem Verwandtschaftsaltruismus zuteilwird oder auch die Wertidee der protestantischen, auf Fleiß als Selbstzweck beruhenden Berufsethik, auf die wir unten im Kapitel 9 noch näher zu sprechen kommen. Mit *Normen* dagegen gehen „Werte" dann einher, wenn sie ein gewisses Maß an Verbindlichkeit besitzen, d.h. nicht beliebig sind und es nicht dem Einzelnen überlassen bleibt, welche Zielvorstellungen und welchen Lebensmaximen er folgt. „Normen" schreiben bestimmte Verhaltensweisen vor, die mit den Werten konform gehen. Sie verlangen von den Einzelnen Folgebereitschaft und Respekt. An Werte glauben die Menschen. *Normgerechtes Verhalten* wird belohnt; *normabweichendes Verhalten* dagegen negativ sanktioniert, mit Strafen, Missachtung oder im Extremfall mit Ausschluss aus dem Sozialverband bedroht.

Für Durkheim verkörpern die sozialen Institutionen – wie die Religion, die Familie, das Recht, der Staat, die Berufsorganisationen, die Nation, aber auch Begräbnisrituale oder Begrüßungsformeln – zentrale Werte und Normen einer Gruppe bzw. einer Gesellschaft. Damit ist die soziale Dimension des Lebens Durkheim zufolge in den sozialen Institutionen als Komplexe von Handlungen, Gefühlen und Wertbindungen verankert.

Die sozialen Institutionen sind darüber hinaus Ausdruck des *Kollektivbewusstseins*. Sie repräsentieren mit ihren Leitideen, Wertvorstellungen und Normen das „Bewusstsein" der jeweiligen Gruppe. Man nennt das auch: *kollektive Repräsentationen*, weil sie die für das Kollektiv bedeutsame *kognitive* Ebene des Verhaltens widerspiegeln und zum Ausdruck bringen. Die gesellschaftliche Qualität der kollektiven Repräsentationen zeigt sich nicht zuletzt daran, dass deren Bedeutungsinhalte und Geltung nicht ohne weiteres verändert werden können, jedenfalls nicht durch einzelne Gesellschaftsmitglieder. Ob wir es gut oder nicht gut finden, dass Menschen an die Existenz Gottes glauben, ändert nichts an der Tatsache, dass für viele Menschen religiöse Gefühle von existentieller Bedeutung sind. Ob uns die staatliche Verfassung, in der wir leben, zusagt oder nicht, wir werden deren Gesetze respektieren müssen, wenn wir nicht bestraft belegt werden wollen. Was immer wir individuell und subjektiv für gerecht halten; was Recht und Unrecht ist, das wird von den Gerichten und insgesamt vom Rechtssystem, also von gesellschaftlichen Instanzen definiert. Wenn wir mit anderen Menschen kommunizieren wollen, müssen wir uns einer allgemein verständlichen Sprache befleißigen. Je nach Gruppenbezug werden wir unterschiedliche *linguistische Codes* verwenden. In einer Hochschule wird man von uns erwarten, dass wir korrekte Hochsprache sprechen, teilweise auch spezielle Wissenschafts- und Fachsprachen beherrschen. Die Religionen, die Sprache, auch der Staat, die Familie, Sitten und Gebräuche und dergleichen existierten schon lange bevor wir auf die Welt kamen; sie existieren unabhängig von den Einzelnen. An der Konstanz und Stabilität der Institutionen erkennt man die Beharrungs- und Prägekraft des Gesellschaftlichen.

Bei genauerem Hinsehen handelt es sich bei der gesellschaftlichen Dimension nach Durkheim mithin in erster Linie um eine *moralische Dimension*. Sie gibt verbindliche Verhaltensleitlinien vor, und zwar nach ethischen Maßstäben. Sie bestimmt, welches Verhalten „gut" oder „böse", „richtig" oder „falsch", „moralisch" oder „amoralisch" ist. Da die Religionen wesentlich ethische Ordnungen darstellen, verkörpern sie gewissermaßen in besonderer Weise das gesellschaftliche Bewusstsein und die gesellschaftliche Ordnung. In der Moderne treten aber immer mehr *säkularisierte* Wertordnungen und Lebensformen an die Stelle der traditionellen Religion und übernehmen dabei deren Funktionen: der Nationalismus, der Wissenschaftsglaube, die Kunst, politische Weltanschauungen („Ideologien"), der Sport, die Erotik, Therapiebewegungen, Astrologie oder auch die Konsumsphäre und dergleichen mehr. Selbst vollkommen areligiöse Menschen können sich der Anziehungskraft dieser Religions-Surrogate oft nur schwer entziehen.

Fassen wir Durkheims theoretischen Ansatz zusammen, dann wird deutlich, dass der französische Gründungsvater in der „Gesellschaft" vor allem eine *verhaltensregulierende Übermacht* sieht, die den Individuen gegenübersteht. In diesem Sinne versteht Durkheim seinen Ansatz, wie wir im vorausgehenden Kapitel sahen, als *Wissenschaft von der Moral*. Er wollte keine neue Morallehre entwickeln, das sei in seinen Augen die Aufgabe der praktischen Philosophie. Vielmehr sieht Durkheim die Hauptaufgabe der soziologischen Moralforschung darin, die faktisch existierenden Moralvorstellungen als Inbegriff und Quintessenz der gesellschaftlichen Ordnung zu erforschen. In der modernen Gesellschaft, die sich durch eine hochentwickelte ökonomische und soziale Arbeitsteilung auszeichnet, löst sich, so ein zentraler empirischer Befund, die Moral immer mehr aus dem Gesamtzusammenhang eines gesellschaftlich umfassenden „Kollektivbewusstseins". Der Zusammenhalt der Menschen, die gesellschaftliche Ordnung, wird von den sozialen Institutionen, in erster Linie von den Verträgen und den sie garantierenden und stützenden Moralsystemen, den Berufs- und Arbeitsorganisationen, dem Nationalstaat und den politischen Parteien, dem staatlichen Recht, der Familie, dem Bildungssystem usw. gewährleistet. Die Moderne führt Durkheim zufolge also nicht zur Entsolidarisierung oder zum gesellschaftlichen Zerfall, wie viele konservative Kritiker der Moderne glaubten; vielmehr entwickelt sich in der modernen Gesellschaft eine neue Art von Moral und Solidarität.

Eine zweite Konzeption von „Gesellschaft" haben wir auch schon kennengelernt, als wir *Georg Simmel* besprachen. Die gesellschaftliche Dimension tritt bei Simmel in erster Linie in den *Formen der Wechselwirkungen* zutage. Die Akteure treten aus unterschiedlichsten Motiven, Antrieben und Gefühlen in Interaktionsbeziehungen, in der Zweierbeziehung, bei der Arbeit oder beim Spaziergang. Das ist die inhaltliche Seite der Interaktion. Davon unterscheidet Simmel die „formale" Seite. Das sind regelmäßig wiederkehrende Muster der zwischenmenschlichen Beziehungen, wie z.B. die Form der Autoritätsbeziehungen, der Freundschaft und Feindschaft, der Mode, der Geschlechterbeziehungen oder der Dreier-Figurationen. Simmel bezeichnet diese Formen als „Vergesellschaftungen". Sie können hinsichtlich der Intensität und Verbindlichkeit niedrigeren Grades sowie nur für eine kurze Zeit wirksam sein, wie etwa ein Spaziergang oder eine Plauderei unter

Studierenden beim Mittagessen in der Mensa. Andererseits treten Vergesellschaftungen aber auch in komplexeren sozialen Gebilden mit größerer Dauerhaftigkeit und Reichweite auf. Man denke an einen staatlichen Herrschaftsverband, an einen Konzern, die Gütermärkte oder die Kirchen.

Die *Formen der sozialen Wechselwirkungen*, die Simmel zum eigentlichen Gegenstand der Soziologie erhebt, besitzen jeweils eine Eigendynamik in ihrer Entwicklung und strukturieren nachhaltig die Gesellschaft. Die Akteure selbst nehmen diese Formen natürlich nicht primär als die gesellschaftliche Dimension ihres Handelns wahr. Vielmehr erleben sie diese meist unhinterfragt als gegebene Situationen, in denen sie direkt und unmittelbar mit ihren individuellen Gefühlen, Interessen, Haltungen, ihrem Alltagswissen und ihren Denkformen involviert sind. Die Formen der Wechselwirkungen erschließen sich eigentlich erst aus der Perspektive des soziologischen Beobachters, mithin aus der Distanz, als ob man vorübergehend in die Rolle eines Fremden schlüpfen würde und die Gesellschaft von diesem Standpunkt eines neu hinzugekommenen, aber sehr neugierigen Menschen beobachten würde, der die Sonderbarkeiten des vor ihm ablaufenden Lebens zunächst einmal nur verstehen möchte.

Letztlich handelt es sich aber um eine bestimmte Art von Abstraktionsleistung, die hier von der Soziologie erbracht wird: Es werden abstrakte Typen gebildet, formale Klassifikationen vorgenommen und eben Kategorien entwickelt. Andererseits aber sind auch für Simmel diese gesellschaftlichen Formen, die er einmal mit der Funktion der Grammatik von Sprachen verglich, Manifestationen des Überindividuellen, der kollektiven Dimension des Handelns. Sie *konditionieren* das Verhalten durch die mit der jeweiligen „Form" gegebene und prägende *Struktur*.

Wie solche Strukturen die zwischenmenschliche Interaktion bestimmen macht das folgende Beispiel deutlich: Auf einer Bahnreise wird man einem Mitreisenden viel mehr von seinem ganz persönlichen Leben preisgeben als vielleicht einer viel besser bekannten Person im unmittelbaren Lebensumfeld, der Mitbewohnerin in der Wohngemeinschaft oder einem Seminarteilnehmer. Die zeitliche Begrenzung der Bahnreise und die Unwahrscheinlichkeit, dass sich die Gesprächspartner einmal wieder begegnen werden, disponiert offenbar zu größerer Offenheit gegenüber den Gesprächspartnern. In einer anderen Situation würde man sich dagegen möglicherweise stärker zurückhalten. Der russische Schriftsteller Leo Tolstoi hat in seiner berühmten Erzählung *Die Kreutzersonate* eine solche Bahnreise als Handlungsrahmen für ein ausführliches und qualvolles Geständnis eines Gattinnenmörders gegenüber einer Gruppe von völlig fassungslosen Mitreisenden im gleichen Abteil gewählt. Am Ende der dramatischen Erzählung trennt sich die Reisegruppe, die Zufalls-Vergesellschaftung löst sich auf – das Geständnis bleibt folgenlos.

Fassen wie zusammen: Simmels Vorstellung von Gesellschaft verdichtet sich in dem Begriff Vergesellschaftung. Das Gesellschaftliche geht aus Interaktionen hervor („Emergenzprodukt") und verwirklicht sich in spezifischen Strukturen der Wechselwirkungen. Vergesellschaftungen sind, wie der Terminus schon andeutet, stets dynamisch und graduell variabel, mal flüchtiger, mal stärker institutionalisiert, nichts ein für alle Mal Fixiertes also, eher so etwas wie unzählige und sich überkreuzende Muster und Raster im Sand.

Diskussionsfragen

- Wie beschreibt Durkheim die spezifisch gesellschaftliche Dimension der Realität?
- Was unterscheidet Werte von Normen?
- Wie unterscheiden sich die Gesellschaftsbegriffe von Simmel und Durkheim?

Kapitel 7: Max Webers soziologische Handlungs- und Ordnungstheorie

> **Zusammenfassung:**
>
> Das bis heute gültige Fundament der modernen, wissenschaftlichen Soziologie legte Max Weber mit einer Theorie des sozialen Handelns und einer entsprechenden Methodologie sinnhaften Verhaltens. Dabei wird soziales Handeln nicht gleich mit Mitmenschlichkeit, Nächstenliebe oder karitatives Verhalten gesetzt. Es geht primär um das Handeln mit anderen Mitmenschen. Er erklärt das Ausmaß des Handelns auf andere und dessen Wirkungen für die verschiedene Arten der Vergesellschaftung.

In den Werken Durkheims und Simmels, den Wegbereitern der *post-positivistischen* Soziologie, scheint sich die den Positivisten so wichtige Einheits- und Substanzvorstellung von Gesellschaft gleichsam zu aufzulösen. Trotzdem finden wir solche "essentialistischen" Vorstellungen von Gesellschaft auch aktuell noch im Alltagsdenken, aber auch in den Wissenschaften, z.B. in der Kulturwissenschaft. Nur ein Beispiel: Der Ägyptologe Jan Assmann behauptete einmal, dass Gesellschaft vor allem in ihren „kulturellen Überlieferungen sichtbar" werde und dass sie je nachdem, „welche Vergangenheit sie darin sichtbar [...] werden lässt, etwas über das aussagt, was *sie ist* und *auf was sie hinauswill*". Während in diesem Zitat noch eine Vorstellung von Gesellschaft als einem mit eigenem Willen beseelten Kollektiv-Akteur, der eigene Ziele bestimmen kann, lebendig ist, hat sich die wissenschaftliche Soziologie längst von einer solchen Ontologisierung der Gesellschaft verabschiedet. Mit den Werken Durkheims und Simmels löst sich die Soziologie definitiv von einer substanziellen und organizistischen Vorstellung von Gesellschaft, die als Sphäre mit eigenem Willen (teleologisch) gedacht wurde. Die Soziologie entwickelt sich immer mehr zu einer Soziologie „ohne Gesellschaft", im Sinne von: ohne Einheitlichkeit, Geschlossenheit und ohne eigene ontologische Wesenheit. Schon der Blick auf Durkheim und Simmel verbietet eine Behauptung, weil die Soziologie sei die Wissenschaft von „der" Gesellschaft. Das wäre theoretisch ungenau und simplifizierend. „Die Gesellschaft" – das könnte man als Fazit unserer Darlegungen zu Durkheim und Simmel festhalten – existiert eigentlich gar nicht und dies nicht einmal für Soziologen, obwohl es doch so nahe zu liegen scheint, von der Soziologie als *der* Wissenschaft von *der* Gesellschaft zu sprechen.

Der Autor, der an diesem entscheidenden Wendepunkt der Gesellschaftstheorie dem Fach eine neue Richtung gegeben hat, war *Max Weber*. Weber hat die wichtigsten und bis heute weitgehend unbestritten gültigen Fundamente einer wissenschaftlichen Soziologie gelegt. Wer heute soziologisches Denken erlernen möchte, kommt nicht umhin, sich mit seinem einzigartigen Werk auseinanderzusetzen. Es ist eine unerschöpfliche Quelle an Ideen und Einsichten, Begriffen und Thesen.

Welches Verständnis von „Gesellschaft" und von gesellschaftlichen Prozessen hat Max Weber entwickelt? Am eindringlichsten formuliert findet sich sein Forschungsprogramm in dem Kapitel *Soziologischen Grundbegriffen* (§ 1) seines Hauptwerkes Wirtschaft und Gesellschaft. Grundriss der verstehenden Soziologie

(1919/29), wo auch seine richtungweisende Definition von Soziologie zu finden ist:

> „Soziologie [...] soll heißen: eine Wissenschaft, welche soziales Handeln deutend verstehen und dadurch in seinem Ablauf und seinen Wirkungen ursächlich erklären will. ‚Handeln' soll dabei ein menschliches Verhalten (einerlei ob äußeres oder innerliches Tun, Unterlassen oder Dulden) heißen, wenn und insofern als der oder die Handelnden mit ihm einen subjektiven *Sinn* verbinden. ‚Soziales' Handeln aber soll ein solches Handeln heißen, welches seinem von dem oder den Handelnden gemeinten Sinn nach auf das Verhalten *anderer* bezogen wird und daran in seinem Ablauf orientiert ist." (Weber 1976, S. 1, Hervorhebungen im Original).

Zerlegen wir die kompakte Definition in ihre einzelnen Aspekte und versuchen wir den Sinn dieser Aussage zu verstehen. Die Soziologie wird hier zunächst vor allem als *Handlungswissenschaft* konzipiert, insofern ihr Gegenstand eine bestimmte Art von Handeln, nämlich „soziales Handeln" ist. Soziales Handeln wird definiert – ähnlich wie bei Georg Simmel – durch das Merkmal der Interaktion, durch die Bezogenheit auf Dritte. Soziales Handeln wäre demnach von einsamer, rein selbstbezüglicher Aktivität, etwa dem Schreiben eines nicht Tagebuches oder der kontemplativen Selbstvertiefung eines buddhistischen Mönches, zu unterscheiden.

Der entscheidende Gedanke, mit dem das Verständnis von Gesellschaft durch Max Weber auf neue Grundlagen gestellt wird, steckt im Handlungsbegriff selbst. Dabei kommt beim sozialen Handeln nicht nur offensichtliches, direkt beobachtbares *Verhalten* – etwa das Kaufen einer Theaterkarte, der Besuch einer Vorlesung, das Ritual in einer Kirche – in Betracht, soziologisch von Belang auch *innerliches Tun* sein, z.B. die Entscheidung des Managements über die Entlassung von Arbeitern in einem Betrieb oder bestimmte religiöse Glaubensvorstellungen oder politisch-ideologische Überzeugungen. Dabei könne auch ein Unterlassen, mithin Nichthandeln in bestimmten Situationen, und ein Dulden, im Sinne von passiver Hinnahme, Unterwerfung oder Indifferenz, soziologische relevant sein. Darunter fiel beispielsweise das schweigsame Hinnehmen von Unrecht, ein passives Erdulden von öffentlichen Verunglimpfungen durch die Boulevard-Presse oder ein Hinwegsetzen über diskreditierende Gerüchte. Ein in diesem Sinne sozial relevantes und folgenreiches *Nichthandeln* wäre beispielsweise auch dann gegeben, wenn ein Straftäter nach einem Gefängnisaufenthalt keine weiteren Straftaten mehr begeht, um eine Freundschaft oder seine Ehe nicht zu gefährden.

Eine verbreitete Variante von nicht sichtbarem Handeln ist die *passive Anerkennung*, etwa von Herrschaftsverhältnissen oder Konventionen, besonders in Handlungszusammenhängen, die stark von religiösen oder sonstigen Traditionen bestimmt werden, z.B. in patriarchalischen Familienverhältnissen seitens der unterdrückten Frauen oder auch der Kinder. Denn, schreibt Weber, dass „*reale* Handeln verläuft in der großen Masse der Fälle in dumpfer Halbbewusstheit oder Unbewusstheit" (ebd., S. 10). Der Handelnde „fühlt [...] (und) handelt in der Mehrzahl der Fälle triebhaft oder gewohnheitsmäßig." (ebd.). Dies muss man sich immer vor Augen halten, wenn man sich mit realen Handlungsstrukturen soziologisch beschäftigt.

Die ziemlich abstrakten Ausführungen zum Handeln als Voraussetzung von „Gesellschaft" und zentralem Bezugspunkt der Soziologie wären trivial, wenn Max Weber nicht deutlich herausgearbeitet hätte, dass es letztlich nur um Handeln jeweils in Verbindung mit einem *subjektiv gemeinten Sinn* geht: „,Handeln' soll [...] ein menschliches Verhalten [...] heißen, wenn und insofern als der oder die Handelnden mit ihm einen subjektiven Sinn verbinden." (ebd.). In dieser Formulierung liegt der Hase im Pfeffer. Der Kerngedanke ist, dass die entscheidende Qualität des Handelns, die zum Verständnis der spezifisch gesellschaftlichen Dimension des menschlichen Verhaltens nötig ist, in der *Sinnorientierung* liegt. Nur dadurch, dass Menschen ihrem Handeln in der Regel einen *Sinn* unterlegen, sich also *sinnbezogen* verhalten, wird das „Gesellschaftliche" ihres Handelns oder Unterlassens oder Duldens offenkundig. Damit geht Weber einen deutlichen Schritt weiter als Simmel. Weber hebt als die eigentliche soziale Dimension die Sinnbasiertheit des Handelns hervor. Was kann man sich darunter vorstellen?

Dazu bemerkt Weber „Keine Erkenntnis von Kulturvorgängen (ist) anders denkbar [...], als auf der Grundlage der Bedeutung, welche die stets individuell geartete Wirklichkeit des Lebens in bestimmten einzelnen Beziehungen für uns hat [...]. Kultur (gleich Gesellschaft, M.B.) ist ein vom Standpunkt des Menschen aus mit Sinn und Bedeutung bedachter endlicher Ausschnitt aus der sinnlosen Unendlichkeit des Weltganzen [...]. Dass wir Kulturmenschen sind, begabt mit der Fähigkeit und dem Willen, bewusst zur Welt Stellung zu nehmen und ihr einen Sinn zu verleihen", ist nicht nur Grundlage unser individuellen Urteilsfähigkeit sondern unserer sozialen menschlichen Existenz schlechthin (Weber 1976, S. 180f.).

Weil menschliches Handeln immer mit Sinn einhergeht, sind die Orientierungspunkte, die Vorstellungsinhalte, die Bewusstseinsanteile, die Motive, Ziele, die Ausrichtung und auch die Intensität der jeweiligen Handlungsabläufe *verstehbar*. Die Sinnebene stellt sich als die zugleich kognitive und *kommunikative* Dimension von Handlungsabläufen dar. Die *Verstehbarkeit* des jeweiligen Sinns ist für Weber eine unverzichtbare Voraussetzung der soziologischen Analyse. *Nicht verstehbare* Zusammenhänge bleiben dabei daher grundsätzlich außen vor. Handelt es sich um Ausdrucksformen des *Unbewussten* – zum Beispiel Träume oder Neurosen – dann gehören sie in das Gebiet der Psychoanalyse. Emotionen und Affekte können zwar verständlich und nachvollziehbar sein, sie werden aber von Weber ebenfalls nicht systematisch berücksichtigt. Dieses Feld haben andere Autoren, so vor allem der italienische Soziologe Vilfredo Pareto oder auch Norbert Elias, bearbeitet (vgl. dazu das elfte und zwölfte Kapitel unten). *Sinnfremde* Einflussfaktoren, wie z.B. kosmologische Strahlen, biologische oder chemische Einflussfaktoren, astrologische Aszendenzen und dergleichen, sind als solche für die Soziologie nicht von Belang, sondern nur als Inhalte von Kommunikation.

Wie lässt sich die Formulierung *„subjektiv* gemeinter Sinn" verstehen? Geht es nur um die willkürliche Sinnzuschreibungen Einzelner? Ist „subjektiv" nicht letztlich immer beliebig und zufällig, auch vage und schwer fassbar? Wie soll man an dem „subjektiven Sinn", den jeder selbst und aus sich heraus in unterschiedlichen Situationen seinem je konkreten Verhalten gibt oder zu geben vorgibt, irgendwelche gesellschaftliche Strukturen erkennen können? Wie soll es möglich sein, damit *objektive Erkenntnisse* für eine empirische Wissenschaft, wie die Soziologie, zu gewinnen? Verlieren wir uns, wenn wir so vorgehen, nicht in Subjektivismen, persönlichen Deutungen und individuellen Konstruktionen von Sinn? Keinesfalls! Weber geht hier ganz *pragmatisch* vor. Er sagt, es reicht aus, wenn wir uns zunächst auf den *tatsächlichen* Sinn konzentrieren, der bestimmten Handlungen zugeschrieben werden kann, also auf den *empirisch evidenten* Sinn. Dass zwei mal zwei vier ergibt, wäre unter diesem Gesichtspunkt unmissverständlich verstehbar.

Am besten nachvollziehbar sind erfahrungsgemäß aber Handlungen von Menschen, die *zweckrational* sind, d.h. ein instrumentelles Ziel verfolgen, und die zu dessen Erreichung geeignete Mittel einsetzen. Ein Beispiel: ein Buch kaufen und an der Kasse zahlen. Die meisten ökonomischen Transaktionen lassen sich auf diese Weise verstehen, weil wir davon ausgehen können, dass ihr wesentlicher und rationaler Sinn der praktische Erfolg ist, die Ausrichtung an der Vorstellung einer Verbesserung der eigenen Ausgangslage, einer Maximierung des individuellen Nutzens, dies natürlich immer unter Berücksichtigung der jeweiligen Kosten und der Rahmenbedingungen.

Neben dem *tatsächlichen Sinn*, also den unmittelbar evidenten Motiven und Vorstellungsinhalten, kommt man nicht umhin, noch einen *Querschnitts-Sinn* zu berücksichtigen. Auch hier spielt die Verstehens-Evidenz eine Rolle, aber es geht darum, in einer gegebenen Masse von Fällen einen gewissermaßen *durchschnittlich gemeinten Sinn*, einen für eine konkrete Situation annähernd repräsentativen Sinnquerschnitt zu ermitteln. Zum Beispiel: Wenn Fußballfans anlässlich eines Spiels ins Stadion gehen, wird man davon ausgehen können, dass der durchschnittlich gemeinte Sinn ihres gemeinsamen Handelns in dem Motiv zu finden ist, das Fußballspiel zu sehen. Sicher wird es auch Gruppen geben, die einen anderen durchschnittlichen Sinn verfolgen, etwa Hooligans, die Gewaltaktivitäten planen, Polizisten, die die Sicherheit garantieren sollen, oder andere, die nur soziale Kontakte suchen. Der *durchschnittlich* gemeinte Sinn der Fußballfans aber wäre die Orientierung und das Interesse an dem Fußballspiel.

Außer dem „tatsächlichen" und „durchschnittlichen" Sinn zieht Max Weber noch einen *begrifflich konstruierten reinen Typus* in Betracht. Diesem kommt eine herausragende Bedeutung für die soziologische Methode zu. Dabei handelt es sich um ein gedankliches Bild, um ein theoretisches Konstrukt, das für bestimmte Handlungsabläufe, regelmäßige und rationale Sinninhalte und Abläufe als allgemein verbreitet betrachtet wird. Es sind typische Sinnzusammenhänge. Weber nennt diese Art von Begriffsbildung *Idealtypen*. Hierunter wäre zum Beispiel die Kategorie „kapitalistischer Unternehmer" zu subsumieren: Gemäß dem Idealtypus besitzt er Kapital, welches er zum Zweck der Gewinnmaximierung investiert; sein persönlicher Haushalt ist von seinem Betrieb getrennt; ein Teil des Kapitals wird er als Lohn für Arbeitskräfte ausgeben, einen anderen Teil für Maschinen, Technologie, Gebäude oder Fahrzeuge. Auf jeden Fall wird er darauf achten, dass seine Bilanzen stimmen, d.h. dass er rentabel wirtschaftet und Überschüsse erzielt, die er wiederum zum Teil investieren wird. Ebenso kann man bei anderen sozialen Typen vorgehen, etwa bei Priestern und Hochschullehrern, Propheten und Beamten, Gläubigen und Discobesuchern usw.

Der rational konstruierte Idealtypus dient vor allem als methodisches Konstrukt, mithin als Maßstab oder Messlatte, mit deren Hilfe man eben auch die *Abweichungen* und *Abarten* feststellen kann. Insofern ist der Idealtypus ein wichtiges methodisches Instrument, ein Werkzeug, das es den Soziologen ermöglicht, die empirische, die tatsächlich vorfindbare soziale *Wirklichkeit* besser zu erfassen, zu verstehen.

Festgehalten werden kann somit: Der *subjektiv gemeinte Sinn* des Handelns wird in dreierlei Hinsicht für die soziologische Erkenntnis bedeutsam: Als

a) tatsächlicher Sinn, als

b) durchschnittlich annähernder Sinn, schließlich

c) als idealtypischer Sinn.

Damit bewegen wir uns schon nicht mehr auf dem verfänglichen Terrain reiner und beliebiger Subjektivismen.

Weber grenzt „subjektiv" in diesem Zusammenhang übrigens in erster Linie von *objektiv richtigem* oder einem metaphysisch *wahren* Sinn ab. Es versteht sich von selbst, dass es der soziologischen Handlungsanalyse nicht darum gehen kann, eine *objektiv gültige Wahrheit* im menschlichen Verhalten zu suchen oder gar Handlungen moralisch zu bewerten und zu beurteilen. Hier gilt es, ein anderes wichtiges Postulat Max Webers zu betonen, nämlich das *Gebot der Werturteilsfreiheit*. Als Wissenschaftler haben wir uns subjektiver Wertungen der Tatbestände, die wir untersuchen, grundsätzlich zu enthalten. Jede gute Soziologie verzichtet auf politische Stellungnahmen ebenso wie auf eine ethische Qualifizierung von realen sozialen Prozessen. Die Soziologie untersucht mit ihren Mitteln die faschistischen Führerdiktaturen ebenso nüchtern und distanziert wie etwa die Asketepraktiken buddhistischer Mönche oder die Parteiorganisation der CSU.

Kommen wir jetzt zu dem für die Soziologie wichtigsten Handlungstypus: zum *sozialen Handeln*. Max Weber definiert ihn folgendermaßen:

> „Soziales Handeln (einschließlich des Unterlassens oder Duldens) kann orientiert werden am vergangenen, gegenwärtigen oder für künftig erwarteten *Verhalten anderer* (Rache für frühere Angriffe, Abwehr gegenwärtigen Angriffs, Verteidigungsmaßregeln gegen künftige Angriffe). Die ‚anderen' können Einzelne und Bekannte oder unbestimmt Viele und ganz Unbekannte sein." (Weber 1976, S. 63).

Das entscheidende Merkmal des sozialen Handelns ist also nicht die Interaktion oder die „Wechselwirkung" an sich. Vielmehr ist hier die Feststellung wichtig, dass es sich *am Verhalten anderer orientiert*. Damit ist gemeint, dass der Sinn dieses Handelns in der Ausrichtung an, in der Berücksichtigung von oder in der Erwartung gegenüber Dritten zu suchen ist. Die Sinnorientierung ist insofern eine *soziale*, als sie das Verhalten der Anderen mitberücksichtigt. Erst dadurch können *soziale Beziehungen* begründet werden. Daraus folgt, dass „nicht jede Art von Handeln – auch von äußerlichem Handeln – ‚soziales Handeln'" ist (ebd.). Das lässt sich an einem einfachen Beispiel deutlich machen: Wenn auf der Innpromenade in Passau zwei Radfahrer zusammenprallen, dann wäre das noch kein „soziales Handeln"; es wäre ein bloßes Ereignis, wenn Sie so wollen, eine unglückliche Handlungsfolge. Wenn die sich begegnenden Radfahrer aber ausweichen, um nicht zu kollidieren, dann wäre dies als soziales Handeln zu verstehen, weil beide sich in ihrem Verhalten aneinander wechselseitig orientieren. Mit anderen Worten, der Unfall ist zwar verstehbar, aber „sinnfremd"; das Ausweichen ist demgegenüber sozial „sinnvoll". In die Kategorie des *nicht-sozialen* Verhalten gehört übrigens auch reines Massenverhalten, z.B. wenn Passanten bei Einsetzen des Regens gleichzeitig ihre Regenschirme aufspannen. Obgleich bei diesem Beispiel viele eine Handlung vornehmen, sind sie doch nicht aufeinander bezogen. Ein Grenzfall wäre in diesem Kontext die Imitation, die Nachahmung des Verhaltens Dritter, aber dies auch nur, soweit sie auf ein bewusstes Tun zurückgeht und nicht bloß eine reflexartige Reaktion ist.

Halten wir fest: *Sozial* meint hier natürlich nicht Mitmenschlichkeit, Nächstenliebe oder karitatives Verhalten. Vielmehr geht es ausschließlich wieder, wie immer bei der Soziologie, in einem neutralen und pragmatischen Sinne um die Bezogenheit auf andere Mithandelnde. So verstanden ist soziales Handeln „konstitutiv" für die Soziologie, d.h. es ist aus der Soziologie nicht wegzudenken. Das heißt: Erst die Erforschung des sozialen Handelns macht die Soziologie zu dem, was sie ist, nämlich zu einer empirischen Wissenschaft vom sozialen Handeln. Das hat natürlich mit einem an öffentlicher Wohlfahrt, Menschenfreundlichkeit, Weltverbesserung oder an sonstigen moralischen Zielen ausgerichteten sozialen Diskurs überhaupt nichts zu tun.

Nach unseren bisherigen Ausführungen sollten sich nun die Aufgabenbestimmung und der Erkenntnisanspruch der Soziologie, die Weber in dem berühmten § 1 der *Soziologischen Grundbegriffe* umreißt, besser nachvollziehen lassen. „Soziologie [...] soll heißen: eine Wissenschaft, welche soziales Handeln *deutend verstehen* und *dadurch* in seinem Ablauf und seinen Wirkungen *ursächlich erklären* will."

Sofern soziales Handeln sich durch eine besondere Sinnorientierung von anderen Verhaltensweisen unterscheidet, ist es Gegenstand von Interpretationen und von Deutungen. Der „Sinn" soll rekonstruiert, die „kognitive Struktur" ausgewiesen werden. Hiermit vollzieht Weber die entscheidende Abkehr vom positivistischen Gesellschaftsverständnis: Es ist nicht ausreichend, soziale Prozesse zu beobachten, zu messen, wie äußere Objekte zu betrachten. Sie müssen auch *verstanden* werden, und zwar in ihrer je eigenen subjektiven Sinnstruktur, in dem, wie wir gesehen haben: „tatsächlichen", „durchschnittlichen" oder „idealtypischen" Sinngehalt. Damit verwandelt sich die positivistische Gesellschaftswissenschaft in eine *hermeneutische* Wissenschaft neuen Typs, d.h. in eine sinndeutende und interpretierende Unternehmung. Sie entfernt sich vom naturwissenschaftlichen Methodenverständnis, das sie in der Entstehungszeit stark beeinflusst hatte. Die Soziologie konstituiert sich mit Max Weber neu als besondere *Gesellschaftswissenschaft*. Genau darin erkennt und bestimmt Max Weber die eigentliche und vornehmste Aufgabe der Soziologie: In der spezifischen „Mehrleistung der deutenden gegenüber der beobachtenden Erklärung [...] sie ist gerade das dem soziologischen Erkennen Spezifische" (ebd., 7). Das Verhalten der Menschen können wir verstehen und nachfühlen, wir können uns in die Lage Anderer versetzen und deren Perspektiven übernehmen. Das Verhalten von biologischen Zellen oder Viren dagegen können wir demnach nicht sozial verstehen, sondern nur in ihren Funktionszusammenhängen beobachten und erfassen. Aus diesem Grunde bezeichnet Webers seinen Ansatz auch als *verstehende Soziologie*.

Die Soziologie soll aber nicht nur soziales Handeln „deutend verstehen", sondern auch „seinen Ablauf und seine Wirkungen ursächlich erklären", wie es im zitierten Passus heißt. Max Weber hält also durchaus am Postulat der *Kausalerklärung* fest und wirft dieses grundlegende Prinzip jeder erklärenden Wissenschaft nicht einfach über Bord. Was soll erklärt werden soll, ist der *Ablauf* und die *Wirkungen* von sozialem Verhalten. Zum Beispiel könnte man sich vorstellen, den Ursachen und den Ablauf einer Panik in einem vollbesetzten Kino erklären zu wollen oder die Herausbildung von mächtigen Führungszirkeln in demokratischen Parteien. Erklären wollen wir auch, wie es in Deutschland in den dreißiger Jahren zu einer Führerdiktatur kommen konnte, warum sich im Mittelalter immer wieder religiöse Sekten gegen die Papstkirche gestellt haben, was Menschen dazu bewegt, ihre Heimatorte zu verlassen, sich an anderen Orten oder in anderen Ländern niederzulassen oder auch, wie sich "neue" Moralvorstellungen und politische Ziele durchsetzen, z.B. mit dem Feminismus, der Ökologiebewegung, den Globalisierungsgegner oder den Querdenkern. Erklären bedeutet immer: bestimmte Wirkungen auf bestimmte Ursachen zurückzuführen, d.h. sogenannte Kausalbeziehungen anzugeben. Aus A folgt B, aus AB folgt CD usw. Wie das generell geschehen soll, drückt Weber in dem Zitat durch ein einziges, aber sehr aussagekräftiges Wort aus: durch die Konjunktion „dadurch". Anders gesagt, die Deutung des sozialen Handelns selbst weist uns schon einen Weg zur Erklärung. Die Erklärung hängt insofern mit der Deutung des Sinngehalts des sozialen Handelns unmittelbar zusammen, als die Sinnorientierung, die Motive und Vorstellungsinhalte, die für das soziale Handeln relevant sind, es oftmals auch in seinen Ablaufmustern und dann in seinen Wirkungen erklärbar machen. Darauf kommen wir im neunten Kapitel wieder zurück, anlässlich der Besprechung von Max Webers berühmter historisch-soziologischen Studie *Die protestantische Ethik und der Geist des Kapitalismus*.

Kapitel 7: Max Webers soziologische Handlungs- und Ordnungstheorie

Diskussionsfragen:

- Was bedeutet nach Max Weber "soziales Handeln"?
- Was versteht Max Weber unter *verstehender* Soziologie?
- Welche soziologische Bedeutung hat die Sinnebene in Max Webers Handlungstheorie?
- Welches sind die typusentscheidenden Merkmale sozialen Handelns?
- Mit welchen Prämissen vollzieht Weber einen Kurswechsel im positivistischen Gesellschaftsverständnis?

Kapitel 8: Max Weber: Typen und Kategorien des sozialen Handelns

> **Zusammenfassung:**
> In diesem Kapitel geht es um die unterschiedlichen Typen und Kategorien des sozialen Handelns. Es beschäftigt sich mit den Auswirkungen von Kollektivbegriffen in einer Vergesellschaftung.

Die im vorangegangenen Kapitel vorgetragenen Überlegungen zur soziologischen Methode sollten uns nicht zu weit von unserer Leitfrage abbringen: Worin besteht die gesellschaftliche Dimension des menschlichen Verhaltens? Wie kann man sie begreifen? Wir sind einer ersten Antwort schon dadurch ein Stück nähergekommen, dass wir uns die Sinndimensionen des sozialen Handelns klargemacht haben. Unter diesem Gesichtspunkt lässt sich nach Max Weber die schier unendlich erscheinende Vielfalt konkreter menschlicher Handlungen und konkreten menschlichen Verhaltens auf folgende vier Typen reduzieren, nämlich auf

1. zweckrationales Handeln;
2. wertrationales Handeln,
3. affektuelles, insbesondere emotionales Handeln, und auf
4. traditionales Handeln.

Diese vier abstrakten Motivationstypen liegen im Allgemeinen auch dem sozialen Handeln zugrunde, und sie lassen sich auch auf jede denkbare soziale Ordnung anwenden; sie sind insofern universal und höchstwahrscheinlich in allen Kulturen der Welt anzutreffen. Weber Typen des Handelns werden in der Soziologie als konstitutiv betrachtet, d.h. als unverzichtbar und richtungweisend. Bis heute gibt es, darüber besteht weitgehend Übereinstimmung in der Literatur, keine überzeugendere Typologie.

Betrachten wir die von Weber unterschiedenen Bestimmungsgründe des sozialen Handelns etwas genauer: Der „zweckrationale" Typus ist uns ja bereits begegnet. Es handelt sich um erfolgsorientiertes Handeln in einem instrumentellen Sinn. Das zentrale Kriterium ist die Zweck-Mittel-Beziehung. Sind die Mittel zweckgemäß ausgewählt und werden sie entsprechend eingesetzt, dann ist theoretisch von einem Optimum an Rationalität auszugehen. Den reinen Typus des zweckrationalen Handelns finden wir in der theoretischen Nationalökonomie; es liegt dem im Modell des *homo oeconomicus zugrunde.*

Der *homo oeconomicus* ist ein reines theoretisches Konstrukt: Angenommen wird dabei ein eigennützig handelnder Akteur, der bemüht ist, bei einem Minimum an Kosten ein Höchstmaß an Nutzen für sich zu erreichen. Dieses ökonomische Handlungsmodell lässt sich problemlos verallgemeinern und auch auf nichtwirtschaftliche Handlungszusammenhänge anwenden; man kann sagen, dass es generell für *interessengeleitetes Handeln* gilt. Auch politische Machtinteressen, wie sie zum Beispiel politische Führer verfolgen, sind in diesem Sinne zweckrationale Interessen. Aber auch die Partnerwahl oder der Wissenserwerb und die berufliche Qualifizierung können als Beispiele von Zweckrationalität angesehen werden.

Diesem überall sehr verbreiteten und leicht nachzuvollziehenden Rationalitätstypus unterscheidet Max Weber das *wertrationale Handeln*. Was kann man sich darunter vorstellen? Weber hat mit dieser eigenen Begriffsschöpfung eine überraschende und richtungweisende Neuformulierung der Rationalitätsfrage vorgenommen. Während lange Zeit in den Sozialwissenschaften als rational einzig und allein das interessen- bzw. erfolgsorientierte Handeln betrachtet wurde und das ökonomische Paradigma die Diskussion über Rationalität und Rationalisierung beherrschte, relativierte Weber den bis dahin nahezu absoluten Deutungsanspruch der Ökonomie auf diesem Gebiet, indem er die „Wertrationalität" als eigenständigen Rationalitätstypus einführte. Webers Definition lautet folgendermaßen: *Wertrational* handelt jemand, dessen Handeln bestimmt wird

> „[...] durch bewußten Glauben an den – ethischen, ästhetischen, religiösen oder wie immer sonst zu deutenden – unbedingten *Eigen*wert eines bestimmten Sichverhaltens rein als solchen und unabhängig vom Erfolg [...]. Rein wertrational handelt, wer ohne Rücksicht auf die vorauszusehenden Folgen handelt im Dienst seiner Überzeugung von dem, was Pflicht, Würde, Schönheit, religiöse Weisung oder die Wichtigkeit einer Sache ist [...]." (Weber 1976, S. 12, Hervorhebung im Original).

Ein aufschlussreiches Beispiel für wertrationales Handeln in dem von Weber gemeinten Sinn ist das Schicksal Hiermit vollzieht Weber die entscheidende Abkehr vom positivistischen Gesellschaftsverständnis Dietrich Bonhoeffers. Bonhoeffer war ein gläubiger Christ und bedeutender evangelischer Theologe. Nach Hitlers Machtergreifung im Jahre 1933 ging Bonhoeffer von London, wo er als Auslandspfarrer tätig war, zurück nach Deutschland, weil er davon überzeugt war, dass er als Christ und Seelsorger die ethische Pflicht habe, sich im Lande selbst am Widerstand gegen die Nazidiktatur zu beteiligen. Bald nach seiner Ankunft in Deutschland wurde er von der Gestapo verhaftet und in das KZ Flossenbürg in der nördlichen Oberpfalz gesperrt. Noch in Gefangenschaft spendete er vielen Mitgefangenen Trost und gab ihnen Hoffnung, obwohl er selbst bereits zum Tode verurteilt war. Sein intensiver Glaube, seine Gottesfurcht und Nächstenliebe ließen ihn sein eigenes Leid und das seiner Familie nicht nur ertragen, sondern sogar mit einem positiven, einem spirituellen Sinn unterlegen. Soziologische betrachtet vermischen sich bei diesem Beispiel nun zwei recht unterschiedliche Werte. der christliche Glaube einerseits, der Patriotismus andererseits.

Sämtliche von Weber angeführte Definitionsmerkmale des wertrationalen Handelns treffen auf Bonhoeffers Verhalten in der nationalsozialistischen Zeit zu: Er handelte „ohne Rücksicht auf die vorauszusehenden Folgen" und begab sich bewusst in Not. Er handelte ausschließlich „im Dienst seiner Überzeugungen" von dem, was religiöse Weisung, patriotische Pflicht, menschliche Würde ist. Das schien ihm die Wichtigkeit seiner Sache zu gebieten. „Stets" schreibt Max Weber, „ist [...] wertrationales Handeln ein Handeln nach ‚Geboten' oder gemäß ‚Forderungen'" (ebd.), die der Handelnde an sich gestellt glaubt. Dadurch unterscheidet es sich ja vor allem vom zweckrationalen Handeln, das rein auf einen instrumentellen Erfolg abzielt. Freilich, in der Realität treten die Motive in den meisten Fällen nicht so säuberlich getrennt auf wie in der soziologischen Analyse. Häufig vermengen sich beide Motivstränge; auch sind oft Ambivalenzen, uneindeutige und diffuse Motivlagen handlungsbestimmend. Schließlich sind noch die „affektiv-emotionalen" und die „traditional-gewohnheitsmäßigen" Motive eigens zu berücksichtigen, die meistens miteinander verschmolzen sind. Vom Standpunkt des „zweckrationalen" Handelns erscheinen die anderen Verhaltensweisen als „irrational", weil sie nicht erfolgsorientiert und in diesem Sinne effizient sind. Vom Standpunkt des Glaubens, der Wertüberzeugungen, der Ethik oder des politischen und sozialen Idealismus ist das Handeln gemäß den Geboten und Forderungen der Gesinnung allerdings alles andere als „irrational". Es erscheint vielmehr vollkommen folgerichtig und konsequent, gemäß seiner Ideale und Werte zu leben, gleichgültig, ob das als rational im landläufigen Sinne gilt. Die Wertrationalität ist die Grundlage "gesinnungsethischen" Handelns, wie Weber das an einer anderen Stelle genannt hat (siehe Weber 1992, S. 71).

In unserer bisherigen Rekonstruktion der Weberschen *Soziologischen Grundbegriffe* haben wir vor allem individuelle Akteure und ihre Sinnorientierungen sowie Handlungslogiken im Blick gehabt; wir sind von Aktionen Einzelner ausgegangen. Wie verbindet nun aber Max Weber die Analyse des sozialen Handelns mit umfassenderen gesellschaftlichen Strukturen? Wie lassen sich komplexere soziale Gebilde, wie der Staat, eine Universität, eine Stiftung, eine Kirche, ein Unternehmen, die Arbeits- und Finanzmärkte oder eine studentische Wohngemeinschaft in ihrer je besonderen *gesellschaftlichen Dimension* verstehen und erklären? Was kann die soziologische Handlungstheorie, wie wir sie bis jetzt besprochen haben, zur Analyse solcher Phänomene beitragen?

Dass solche sozialen Gebilde mit Handlungen und namentlich mit sozialen Handlungen zu tun haben, ist, wie wir sahen, eine Grundannahme der handlungstheoretischen Soziologie. Aber wie lässt sich bei größeren Kollektiven, bei Institutionen und Organisationen der bisher erläuterte Erklärungsanspruch der verstehenden Soziologie anwenden? Dafür sind einige weitere theoretische Prämissen erforderlich, die sich aus dem bisher Gesagten:

Zunächst ist davon auszugehen, dass sämtliche, auch die vielschichtigsten sozialen Gebilde und Ordnungen letztlich auf Handlungen einzelner oder mehrerer Menschen zurückgehen. Das heißt, auch der Staat zum Beispiel existiert nicht unabhängig von handelnden und denkenden Akteuren, die sich in ihrem Handeln auf ihn beziehen und an seinem Sinngehalt orientieren. Ein Staat ist insofern zunächst vor allem ein besonderer Sinnzusammenhang für die Staatsbürger, die Beamten, die Richter und für andere Gruppen, insofern sie mit der Funktionsweise des Staates zu tun haben, etwa als Steuerzahler, Straftäter, Wähler oder Grundsicherungsempfänger. Man muss sich klarmachen: Unabhängig von der Eingestelltheit einzelner Menschen auf die gesellschaftlichen Institutionen, unabhängig vom staatsbezogenen Handeln, existierten solche Institutionen gar nicht. Wir könnten sie in ihrer gesellschaftlichen Dimension auch gar nicht verstehen, denn für uns sind und bleiben einzig Menschen aus Fleisch und Blut „verständliche Träger von sinnhaft orientiertem Handeln" (Weber 1976, S. 6). Kollektivgebilde als solche können nicht handeln, weder ein Unternehmen noch ein Staat oder eine Universität bilden handlungsfähige Subjekte, die mit der Fähigkeit begabt wären, Sinn zu artikulieren und adäquat zu deuten. Institutionen oder Organisationen entwickeln im soziologischen Verständnis somit kein wirkliches Eigenleben, höchsten in einem metaphorischen – oder metaphysischen – Sinn. Darin bleibt die Webersche Soziologie nachhaltig subjekt-zentriert und daher von einem humanistischen Geist beseelt. Damit gehört Weber ebenfalls zu den Vertretern des methodologischen Individualismus, demzufolge kollektive Prozesse immer nur dadurch soziologisch erklärbar sind, dass man sie auf individuelle Handlungen als Auslöser und Triebkräfte zurückführt. Das trifft übrigens keineswegs für alle Gesellschaftstheorien zu, so z.B. nicht für die soziologische Systemtheorie Niklas Luhmanns, bei der es soziale Funktionssysteme sind, die anstelle von Menschen, agieren und damit die Sozio*logik* wesentlich bestimmen.

Aufgrund der zentralen und systematischen Stellung, die das vernunftbegabte Subjekt in seiner Handlungstheorie einnimmt, wendet sich Max Weber scharf gegen jede Art von *Kollektivbegriffen*, die ein Eigenleben oder eine metaphysische, d. h. übersinnliche Wesenhaftigkeit von Kollektiven unterstellen. Die „bürgerliche Klasse", das „serbische Volk", die "Nation", die „Studentenschaft", die „Frauen", die „Linke" – das sind Beispiele für Kollektivbegriffe. Solche Verdinglichungen sind unverzichtbar in der Alltagskommunikation, nicht zuletzt, weil damit vereinfachende Klassifikationen von Eigenschaften und Objekten möglich sind, was die Kommunikation vereinfacht. Aus Sicht der soziologischen Handlungstheorie sind solche Verdinglichungen im Zusammenhang mit Kollektiven indessen nicht angemessen. Solange man nicht deren *kognitive Struktur* genauer bestimmt hat, d.h. zeigen kann, welche Sinnzusammenhänge sie bilden, wie sich konkrete Handlungen Einzelner oder Vieler daran orientieren und welche Wirkungen dies haben, greift die soziologische Analyse zu kurz. Kollektivbegriffe sind häufig auch problematisch, bisweilen sogar gefährlich, weil damit sehr leicht unzulässige Verallgemeinerungen, gruppenbezogene Vorurteile, Stigmatisierungen oder im umgekehrten Fall kollektive Selbstüberhöhungen einhergehen. Man denke nur an Beispiele wie: „Frauen sind schlechte Autofahrer", „Juden sind Schlitzohren", „die Brasilianer sind die besten Fußballspieler", „die Deutschen sind ein bellizistisches Volk" und dergleichen mehr.

Nun werden Sie vielleicht denken: Halt inne! Solche Kollektive existieren doch! Es gibt ihn doch, den Staat, auch lassen sich die Existenz von Parteien, Universitäten, Nationen, ethnischen Kollektiven, Klassen usw. kaum leugnen. Es erhebt sich also die Frage: Wie lässt sich aus der individualistischen Sichtweise der soziologischen Handlungstheorie die Realität solcher Kollektive theoretisch fassen? Die Antwort ist leicht zu verstehen: Einerseits werden Kollektive dadurch handlungsrelevant, dass sich die Menschen in ihrem konkreten Handeln an *Ordnungsvorstellungen* ausrichten und diese für sie ein gewisses Maß an Verbindlichkeit, Vorbildlichkeit oder Ansehen besitzen. Eine besondere Rolle spielen dabei „*Vorstellungen* vom Bestehen einer legitimen Ordnung" (Weber 1976, S. 16; Hervorhebung hinzugefügt). Ein Beispiel wäre die Ordnungsvorstellung der Demokratie. Die Existenz einer demokratischen politischen Ordnung kann man sich natürlich nicht vorstellen ohne einen Bestand bestimmter und ganz realer Institutionen, einem Parlament mit Sitz und Plenarsaal, einer Regierung mit Regierungschef(in), einer Ministerialbürokratie, Parteien mit Büros, für die Mieten bezahlt und Kaffeemaschinen angeschafft worden sind, mit wirklichen Parteiführern, die Reden halten und Interviews geben, mit Mitgliedsbeiträgen, politischen Zeitungen und dergleichen mehr. Aber entscheidend ist, dass die demokratische politische Ordnung *in den Köpfen* der Bürger existiert, und zwar als sinnvolle, geschätzte, wertvolle Idee, an der sich die Leute in ihrem politischen Handeln ausrichten, indem sie wählen gehen, die öffentlichen Debatten verfolgen, Zeitung lesen, sich in zivilgesellschaftlichen Organisationen engagieren, vielleicht einer Partei beitreten usw. Wie immer wir im einzelnen Fall dem Anspruch, mündige Bürger des demokratischen Gemeinwesens zu sein, nachkommen – und das ist natürlich sehr unterschiedlich, je nach Temperament, Intelligenz und materielle Ressourcen – in jedem Falle „existiert" eine Demokratie nur so lange, wie die entsprechenden *Einstellungen* tatsächlich oder in einem durchschnittlichen Maße vorhanden sind. Das ist allerdings die unverzichtbare kognitive Struktur legitimer Ordnungen, die erst die *Existenz* der Demokratie als realer Ordnung möglich macht. Wenn wir also Institutionen in ihren Abläufen und Wirkungen untersuchen wollen, dann muss man auf die Ideen und Einstellungen, die dem Handeln zugrunde liegen, achten und die Handlungsweisen der beteiligten oder betroffenen Menschen in Betracht ziehen.

Dazu bemerkt Weber:

> „Für die Soziologie besteht der Tatbestand ‚Staat' nicht notwendig nur oder gerade aus den *rechtlich* relevanten Bestandteilen. Und jedenfalls gibt es für sie keine ‚handelnde' Kollektivpersönlichkeit. Wenn sie von ‚Staat' oder von ‚Nation' oder von ‚Aktiengesellschaft' oder von ‚Familie' oder von ‚Armeekorps' oder von ähnlichen ‚Gebilden' spricht, so meint sie damit vielmehr *lediglich* einen bestimmt gearteten Ablauf tatsächlichen, oder als möglich konstruierten sozialen Handelns Einzelner." (Weber 1976, S. 7).

Damit würde eine Antwort auf die Frage nach der gesellschaftlichen Dimension in Max Webers Verständnis lauten: Sie liegt darin, dass eine Vielzahl von Menschen in ihrem alltäglichen Leben gemeinsame *Ordnungsvorstellungen als Richtmaße ihres Handelns* besitzen. Indem die Ordnungsvorstellungen mehr als nur eine rein äußerliche Bedeutung für die Handelnden haben, vor allem dadurch, dass sie ein mehr oder weniger verbindlich sind, wird das Verhalten auf relativ gleichförmige Weise geprägt. Man könnte auch sagen: die Leitideen formen das kollektive Verhalten der Institutionen und Ordnungen überhaupt erst als solches. Wichtig ist dabei aber auch, dass es sich nicht um Ordnungs- und Wertideen, die sämtliche Lebensverhältnisse umfassend betreffen, handelt. Vielmehr geht es meist um enger begrenzte Handlungskontexte, die auf den Geltungsraum der jeweiligen Institution und ihren spezifischen Leitideen beschränkt bleiben, wie um den Bereich der Politik oder um den wirtschaftlichen Raum oder noch eingeschränkter: um die Unternehmensziele, die religiösen Glaubensvorstellungen, die wissenschaftliche Ethik etc.

Kollektivhandeln kommt allerdings nicht nur durch die Orientierung vieler Einzelner an Leitideen, wie sie sich vor allem in legitimen Ordnungen verkörpert finden, zustande. Es spielen noch andere Faktoren eine Rolle, zum Beispiel auch gegebene, in allen Kulturen vorfindbare *Regelmäßigkeiten des sozialen Handelns*. Zum einen handelt es sich dabei schlicht um überlieferte Handlungsmuster, die zur jeweiligen kulturellen Tradition gehören. Weber hat die wichtigsten Typen der Handlungsmuster grob in *fünf Typen* unterschieden: a) Brauch, b) Sitte, c) Konventionen, d) Interessenlage und schließlich e) „legitime Ordnungen".

Brauch, *Sitte* und *Konventionen* dürften sich von selbst verstehen. Es handelt sich um überlieferte Werte und Normen – wie Grußformeln oder Essensgewohnheiten oder allgemeine Umgangsformen –, die für Menschen eines Kulturkreises oder einer bestimmten Gruppe von Belang sind. Bei dieser Art von sozialen Regelmäßigkeiten ist wichtig, dass davon abweichendes Verhalten, das mit Normverstößen einhergeht, nicht formalrechtlich sanktioniert wird. Vielmehr sind hier Missbilligung, Ablehnung oder auch Gruppenausschluss die üblichen Mechanismen zur Disziplinierung derjenigen, die Konventionen verletzen und Normen brechen.

Interessenorientiertes Handeln bringt nach Weber ebenfalls Gleichförmigkeiten im Kollektivverhalten hervor. Wirtschaftliches Handeln zum Beispiel beruht weniger auf der Orientierung an irgendwelchen Wertordnungen oder geltenden Normen, auch nicht auf Sitte oder Konvention. Jedenfalls gilt dies, solange dabei rein erfolgs- und nutzenorientierte Aktivitäten im Vordergrund stehen. Ein Unternehmer, der unter freien Marktbedingungen Gewinne machen möchte, wird sich dabei immer an der Erwartung des Verhaltens der beteiligten anderen Wirtschaftsakteure orientieren, etwa an dem der Konsumenten, der Kredit gebenden Banken oder seiner Arbeiter und Angestellten. Die Unternehmensleitung wird deren Interessen immer mitberücksichtigen müssen, d.h. die typischen Erwartungen der anderen Teilnehmer am ökonomischen Wertschöpfungsprozess in ihr Nutzenkalkül einbeziehen müssen. Mit anderen Worten: Die Interessenorientierungen sämtlicher Marktteilnehmer sind stets mehr oder weniger aufeinander bezogen, selbst wenn es sich um Interessengegensätze handelt und den einzelnen Akteuren dieser im Verborgenen ablaufende Abstimmungsprozess gar nicht bewusst ist. Die wirtschaftlichen Interessenbeziehungen finden somit größtenteils *hinter dem Rücken* der einzelnen am Wirtschaftskreislauf Beteiligten statt; sie werden meist gar nicht wahrgenommen. Aus diesem *anonymen Zusammenwirken* der Marktteilnehmer bilden sich beispielsweise die Preise, die Zinsen, die generellen Qualitätsstandards für die Produkte, die durchschnittlichen Arbeitsbedingungen und dergleichen mehr heraus. Um beim Beispiel der Wirtschaft zu bleiben: selbst durchschnittliche Konsumgewohnheiten und Lebensstile von Gruppen – zum Beispiel Bekleidungsmoden oder Kommunikationsgewohnheiten – gehen meistens auf Angebote von Unternehmen zurück, die heute vielfach im globalen Maßstab ihre Produkte und Dienstleistungen vermarkten, was in bestimmten Bereichen zu einer weltweiten Angleichung von Lebensformen führt. Dazu bemerkt Max Weber:

> „Die Marktinteressenten orientieren [...] ihr Verhalten [...] an den typischen Erwartungen, die sie vom voraussichtlichen Verhalten der anderen hegen [...] Indem sie derart, je strenger zweckrational sie handeln, desto

> ähnlicher auf gegebene Situationen reagieren, entstehen Gleichartigkeiten, Regelmäßigkeiten und Kontinuitäten der Einstellung und des Handelns, welche sehr oft weit stabiler sind, als wenn Handeln sich an Normen und Pflichten orientiert, die einem Kreise von Menschen tatsächlich für ‚verbindlich' gelten." (ebd., S. 15).

So viel sollte deutlich geworden sein: Die „Gesellschaft" ist weder eine vorgegebene Größe, noch eine metaphysische Wesenheit. Sie ist auch nicht einfach mit dem Gesamtzusammenhang aller Interaktionen eines Landes oder einer Nation gleichzusetzen. Die übliche Rede von der „deutschen Gesellschaft" etwa oder der „europäischen Gesellschaft" weist lediglich auf einen vorgestellten Zusammenhang von Ordnung und Regelmäßigkeiten auf einem gegebenen Territorium und in einem bestimmten Kulturkreis hin. Es wäre jedenfalls irreführend, die „nationale Gesellschaft" mit dem soziologischen Begriff von „Gesellschaft" zu verwechseln; sie ist nur eine Vergesellschaftungsform von vielen.

Unser heutiges soziologisches Verständnis von Gesellschaft wurde also nachhaltig von Max Weber geprägt. Zusammengefasst finden wir nach Weber die *gesellschaftliche Dimension* des menschlichen Lebens (an dem natürlich auch immer vieles Nichtgesellschaftliches ist!) primär in den *Sinnorientierungen des sozialen Handelns*, mithin in dem, was als *kognitive Struktur* bezeichnet wurde. Die kognitive Struktur ist letztlich die Wechselwirkung zwischen *Vorstellungen*, die dem „subjektiv gemeinten Sinn" der Handelnden zugrunde liegen – also traditionelle Ordnungsvorstellungen, Wertideen oder Interessenlagen – auf der einen Seite und dem realen Handeln der Menschen auf der anderen Seite.

Max Weber verwendet daher auch nicht den Begriff „Gesellschaft". Meist spricht er von „sozialen Beziehungen", „sozialen Ordnungen" oder „sozialen Gebilden". Auf einer allgemeinen Ebene unterscheidet er zwei große Klassen von „sozialen Beziehungen": *Vergemeinschaftungen* und *Vergesellschaftungen*. Unter *Vergemeinschaftungen* versteht er die Einstellungen des sozialen Handelns, die mehr auf „subjektiv gefühlter Zusammengehörigkeit der Beteiligten" beruhen. Hier sind also Gemeinschaftsgefühle, wie z.B. in der Familie, dominierend.

Unter *Vergesellschaftungen* subsumiert Weber dagegen in erster Linie soziale Beziehungen, soweit deren Einstellungen eher rational und interessen-orientiert sind, gleichgültig, ob sie wertrational oder zweckrational ausgerichtet sind. Beispiele wären eine Versicherungsanstalt, die Europäische Union oder die römisch-katholische Kirche (vgl. ebd., S. 21).

Diese Begriffe erinnern an Georg Simmels Bemühen um ein weniger statisches, mehr prozessuales Verständnis von gesellschaftlichen Dynamiken (dazu ausführlich oben fünftes Kapitel). Ihr Vorzug liegt vor allem wieder in der Unterscheidung von differenzierten gesellschaftlichen Dimensionen der Realität.

Diskussionsfragen

- Wie lassen sich nach Max Weber die Aktivitäten von Organisationen und Institutionen "verstehen"?
- Was bedeutet "methodologischer Individualismus" und welches soziologische Forschungsprogramm ist damit verbunden?
- Welche Wechselwirkungen bestehen zwischen Ideen, Institutionen und Interessen?

Kapitel 9: Max Webers Protestantische Ethik und der Geist des Kapitalismus

> **Zusammenfassung:**
> Dieses Kapitel befasst sich mit der protestantischen Ethik von Max Weber am Beispiel des Calvinismus insbesondere mit den Auswirkungen der protestantischen Ethik sowie dem Geist des Kapitalismus. Diese stehen nur scheinbar im Gegensatz zueinander. Religion und Ökonomie ergänzen sich in den sozialen Praktiken der Calvinisten und trugen paradoxerweise dazu bei, die in den Konsequenzen antireligiöse Wirtschaftsverfassung des modernen Kapitalismus hervorzubringen. Webers Studie zielt darauf ab, die ökonomische Einzigartigkeit und Vorreiterrolle der historischen Entwicklung im Westen – den okzidentalen Rationalismus – zu belegen.

Die immense öffentliche Wirkung, die vor allem Karl Marx' Kapitaltheorie am Ende des 19. Jahrhunderts in Europa erzielte, veranlasste zahlreiche zeitgenössische Sozialwissenschaftler der damaligen jüngeren Generation dazu, sich näher mit den Voraussetzungen und Erscheinungsformen des modernen Kapitalismus zu beschäftigen. Der Kapitalismus, nebst der damit eng verknüpften sozialen Frage, also dem Klassenkonflikt und der Sozialpolitik, avancierte zu einem der zentralen Themen der sozialwissenschaftlichen Debatte an der Wende des 19. zum 20. Jahrhunderts. Es ist daher nicht verwunderlich, dass auch Max Weber, der sich schon früh mit ökonomischen Fragen wissenschaftlich beschäftigt hatte, dem Kapitalismusproblem sein Forschungsinteresse widmete. In seiner wohl berühmtesten Schrift *Die protestantische Ethik und der 'Geist' des Kapitalismus* (ursprünglich 1904/05 als Aufsatz, dann 1920 stark überarbeitet in Buchform veröffentlicht) beschäftigt sich Weber vor allem mit den *religiösen* Grundlagen des modernen Kapitalismus, was einigermaßen verwundern dürfte, denn was hat die Religion schon mit der Wirtschaft zu tun.

Weber war aufgefallen, dass sich im 16. und 17. Jahrhundert die Verbreitungsgebiete des Calvinismus – was eine jener zahlreichen protestantischen Sekten war, die sich durch besondere religiöse Intensität und Strenge auszeichneten – mit jenen Regionen weitgehend deckten, in denen die kapitalistische Wirtschaft in Gestalt von handelskapitalistischen und frühindustriellen Unternehmen einen bemerkenswerten ersten Aufschwung erlebte. Auch in der Neuen Welt, den späteren USA, die zur Zuflucht für viele Mitglieder von in ihrer Heimat verfolgten, protestantischen Sekten wurde, entwickelte sich die kapitalistische Wirtschaftsform besonders dynamisch. Diese Einsicht veranlasste Max Weber dazu, genauere Untersuchungen über die Lebensweise und die wirtschaftlichen Aktivitäten der calvinistischen Sekten und damit verwandter protestantischer Gemeinschaften (den sog. *Denominationen*) vorzunehmen. Ausgehend von seinem soziologischen Grundverständnis, das, wie wir im vorangehenden Kapitel näher ausgeführt haben, der Sinndimension sozialen Handelns eine wichtige Bedeutung für die Strukturierung von sozialen Gebilden beimisst, forschte Weber entlang der Hypothese, dass möglicherweise das religiöse Selbstverständnis dieser Sekten ebenfalls einen nachweisbaren Einfluss auf das wirtschaftliche Handeln und insbesondere auf die Wirtschaftsethik der Sektenmitglieder haben könnte. Damit erweiterte Weber die bis dahin dominierende wirtschaftswissenschaftliche Fragestellung um zentrale kulturwissenschaftliche Aspekte. In der Schrift *Die protestantische Ethik und der ‚Geist' des Kapitalismus* formuliert er seine These und zeigt ausführlich, auf welche Weise und mit welchen Folgen die kulturellen Orientierungen, das Weltbild und die alltägliche Lebenspraxis der Sekten mit der Entstehung einer gänzlich neuen Wirtschaftsform, eben der des modernen Kapitalismus, zusammenhängen. Der Angelpunkt sind die religiösen Überzeugungen. Wie bei den meisten religiösen Orientierungen spielt hier die transzendentale Dimension eine entscheidende Rolle. Sie basiert im Kern auf der Vorstellung einer Kluft zwischen der diesseitigen Wirklichkeit und dem Jenseits. Als entscheidend erwies sich der *Prädestinationsglaube*, ein Dogma, das für die Calvinisten besonders wichtig war, also die religiöse Überzeugung von einer göttlichen Vorherbestimmtheit des menschlichen Lebens. Am klarsten findet sich dieser Gedanke bei dem protestantischen Reformer Jean Calvin (1509–1564) formuliert:

> „Was [...] die Schrift klar zeigt, das sagen wir auch: Gott hat in seinem ewigen und unwandelbaren Ratschluss einmal festgestellt, welche er einst zum Heil annehmen und welche er andererseits dem Verderben anheimgeben will. Dieser Ratschluss ist, das behaupten wir, hinsichtlich der Erwählten auf Gottes unverdientes Erbarmen begründet, ohne jede Rücksicht auf menschliche Würdigkeit. Den Menschen aber, den er der Verdammnis überantwortet, schließt er [...] den Zugang zum [ewigen, M.B.] Leben zu! Was die Auserwählten betrifft, so halten wir dann weiter dafür, daß die Berufung das Zeugnis der Erwählung ist." (Calvin 1937, 2. Band, S. 522).

Gemäß der Lehre Calvins schuldete das Individuum somit für seine Taten ausschließlich Gott Rechenschaft. Die Prädestinationslehre, die sich schon bei Luther findet, erfuhr bei Calvin allerdings eine folgenreiche Zuspitzung. Demnach hängt Gottes Gnade allein vom Glauben ab. Aber gleichzeitig wird der Heilsweg des Gläubigen letztlich und unhintergehbar vom unerforschlichen Willen Gottes bestimmt. Gott „bestimmt die einen zu ewigem Leben, die anderen zur ewigen Verdammnis", heißt es bei Calvin.

Nach Max Weber förderte nun genau der Glaube an die göttliche Vorherbestimmtheit des jenseitigen Heilsweges bzw. der Verdammnis des Menschen eine soziale-ökonomische Praxis, die wirtschaftlichen und beruflichen Erfolg als eigenständige und vorrangige Maxime der Lebensführung zur Grundlage hatte. Dabei muss man sich vor Augen führen, dass in der Zeit der Religionskriege Glaubensfragen und besonders das Schicksal nach dem Tode eine ganz herausragende Rolle im Leben der meisten Menschen einnahm. Die calvinistische Glaubenslehre stürzte den Gläubigen nun aber in eine Situation der permanenten Heils*ungewissheit* und damit der existenziellen Verunsicherung.

„In ihrer pathetischen Unmenschlichkeit", schreibt Max Weber, mußte diese Lehre nun [...] vor allem eine Folge haben: ein Gefühl einer unerhörten inneren Vereinsamung des einzelnen Individuums. In der für die Menschen der Reformationszeit entscheidensten Angelegenheit des Lebens: der ewigen Seligkeit, war der

Mensch darauf verwiesen, seine Straße einsam zu ziehen, einem von Ewigkeit her feststehenden Schicksal entgegen. Niemand konnte ihm helfen. Kein Prediger: – denn nur der Erwählte kann das Gotteswort spiritualiter verstehen. Kein Sakrament: – denn die Sakramente sind zwar von Gott zur Mehrung seines Ruhms verordnet und deshalb unverbrüchlich zu halten, aber kein Mittel, Gottes Gnade zu erlangen, sondern subjektiv nur ‚externa subsidia' [‚äußerliche Hilfsmittel', M.B.] des Glaubens. Keine Kirche: – denn es gilt zwar, daß wer sich von der wahren Kirche fernhält, nimmermehr zu den von Gott Erwählten gehören kann; aber zur (äußeren) Kirche gehören auch die Reprobierten [die Ausgestoßenen, Verdammten, M.B.], ja sie sollen dazu gehören und ihren Zuchtmitteln unterworfen werden. Endlich auch: – kein Gott: denn auch Christus ist nur für die Erwählten gestorben, denen Gott seinen Opfertod zuzurechnen von Ewigkeit her beschlossen hatte. Dies: der absolute [...] Fortfall kirchlich-sakramentalen Heils, war gegenüber dem Katholizismus das absolut Entscheidende." (Weber 1988, S. 94).

Überraschenderweise führte die calvinistische Deutung der Heiligen Schrift nun allerdings keineswegs zu der naheliegenden fatalistischen oder pessimistischen Haltung, nach dem Motto: „Wenn alles in Gottes Hand liegt, ist es doch egal, was ich tue, ob ich fromm bin oder sündige". Im Gegenteil: Die Calvinisten, insbesondere die Pastoren interpretierten die Lehre Calvins gerade auf eine Weise, die geeignet war, den Gläubigen die drückende Last der lebenslangen Heilsungewissheit abzunehmen, ohne den Sinn des fraglichen Dogmas anzutasten. Der entscheidende Kniff bestand im Wesentlichen darin, Anzeichen und Symbole weltlicher Art als Zeichen für den individuellen Gnadenstand zu deuten. Insbesondere wurde der ökonomische und berufliche Erfolg als Zeichen des Gnadenstandes gedeutet. Daraus folgte nun, dass die Mehrung des materiellen Reichtums und das Streben nach beruflichem Erfolg für die frommen Sektenmitglieder geradezu zum Selbstzweck wurden. Sparsamkeit und kontinuierliche Investition der erwirtschafteten Überschüsse entwickelten sich so im Rahmen der protestantischen, besonders der calvinistischen Sekten zur religiös begründeten und legitimierten Grundlage ökonomischen, genauer: unternehmerischen Handeln, das naturgemäß auf Profit und Mehrung des Privateigentums ausgerichtet ist. Anders gesagt: Wer in seinem Leben reich wurde, Ansehen genoss und einen hohen beruflichen Status erreichte, der konnte sich gemäß dieser Interpretation der Prophetenlehre des Gnadenstandes im Himmelreich so gut wie sicher sein. Calvin selbst hätte dies so wahrscheinlich so nicht unterschrieben, denn ihm kam es um des Seelenheil der Gemeindemitglieder willen auf die Reinheit des Dogmas besonders an. Selbstverständlich galt die Neuinterpretation nur unter der Voraussetzung – es handelte sich ja um überaus fromme Menschen –, dass die Gläubigen auch ansonsten ein gottgefälliges und sündenfreies Leben führten, sich also weder dem Alkohol noch dem Spiele noch dem Müßiggang hingaben oder zu Prostituierten gingen. Dennoch konnte es nicht ausbleiben, dass manche Gläubige und Prediger in der deutlich lebensnäheren *Umdeutung* der Lehre Calvins ein grundlegendes theologisches Missverständnis sahen.

Als Zwischenergebnis kann festgehalten werden: Nicht die reine Lehre Calvins war es, die in der Praxis den Ausschlag für die Entwicklung des „kapitalistischen Geistes" gab. Vielmehr handelt es sich um eine abgeschwächte und abgewandelte Version, die auf einer Ummünzung des zentralen theologischen Sinngehalts von Calvins Dogma vom Gnadenstand basierte, welche bereits im Diesseits erkennbare und subjektiv deutbare Zeichen des individuellen Gnadenstandes zuließ. Die Ratschlüsse Gottes galten zwar nach wie vor als nicht beeinflussbar und unergründlich. *Entscheidend aber ist, dass* durch Wohlstandsmehrung und Erfolgsstreben sich die Chancen, auch im Himmelreich Gottes Gnade zu finden, verbessern konnten. Der Glaube blieb aber dennoch ein Wagnis; er fand zwar keinen sicheren Anker im Leben, aber doch so etwas wie einen Strohhalm. Jedenfalls sei damit, so Weber, die spirituelle und psychische Bürde der religiösen Ungewissheit, die das Prädestinationsdogma den gläubigen Calvinisten auferlegte, deutlich abgemildert worden.

Ein weiterer Aspekt, der mit dieser *Popularisierung des Dogmas* von der Vorherbestimmtheit einhergeht, hängt mit der Stellung der Gläubigen in der Gesellschaft zusammen. Auffällig ist, dass die Calvinisten überwiegend Kaufleute, Handwerker und Unternehmer, und sie lebten häufig in Städten. Die Abschwächung des Dogmas kam nach Weber besonders der alltäglichen Lebenspraxis *kleinbürgerlicher Schichten* entgegen. Denn soziologisch können Glaubensfragen weder abgehoben vom Lebensalltag noch isoliert vom wirtschaftlichen Handeln der Gläubigen betrachtet werden. Es reicht auch nicht aus, allein die Ideengeschichte der Dogmen zu rekonstruieren. Vielmehr ist grundlegend wichtig, die Analyse der religiösen Weltbilder (*Sinnstruktur*) mit der alltäglichen sozialen Lebenswirklichkeit der Mitglieder der religiösen Gemeinschaften zu verknüpfen. Hier liegt der Kern einer fruchtbaren religions- und kultursoziologischen Herangehensweise. Das folgende Zitat aus der Einleitung zu *Die Wirtschaftsethik der Weltreligionen* bringt diesen Problemzusammenhang so auf den Punkt:

> „Interessen (materielle und ideelle), nicht: Ideen, beherrschen unmittelbar das Handeln der Menschen. Aber: die ‚Weltbilder', welche durch ‚Ideen' geschaffen wurden, haben sehr oft als Weichensteller die Bahnen bestimmt, in denen die Dynamik der Interessen das Handeln fortbewegte." (Weber 1988, S. 252).

Deshalb beschränkt sich Max Webers Analyse nicht allein auf die Interpretation der religiösen und theologischen Sinnzusammenhänge. In der *Protestantischen Ethik* geht es ihm vor allem um den Nachweis eines inneren Zusammenhangs zwischen der religiös motivierten Lebenspraxis und ihren weiteren Wirkungen auf die gesellschaftliche Entwicklung. Als Schlüsselbegriff taucht hier *Lebensführung* auf. Darunter versteht Weber das an bestimmten Maximen und Regeln ausgerichtete alltägliche Handeln. Denn die religiöse Orientierung der Calvinisten und anderer fundamentalistischer Protestanten hatte zur Folge, dass diese Menschen sich einer extrem strengen Methodik der Lebensführung unterwarfen: der *innerweltlichen Askese*. Als *asketisch* bezeichnete Weber diese Art strenger Lebensführung, weil nicht die Mehrung des materiellen Reichtums – um des Konsums, des Luxus oder des angenehmen Lebens willen – für die Sektenmitglieder im Vordergrund stand. Ganz im Gegenteil: Jede Form von Schwelgerei und Verschwendung, insbesondere leibliche Genüsse, waren ja verpönt. Auch eitle Zurschaustellung und jede Form von Oberflächlichkeit wurden grundsätzlich missbilligt. Darin gelangt die an Lebensfeindlichkeit grenzende Sittenstrenge, die Kirchenzucht sowie die extrem puristische Sexual-, Familien- und Gemeinschaftsethik der Calvinisten in ihrer ganzen Schärfe und Unerbittlichkeit zum Ausdruck.

Als *innerweltlich* kann man diese Orientierung deshalb bezeichnen, weil, im Unterschied etwa zu den frühchristlichen Anachoreten, den mittelalterlichen Klostergemeinschaften oder auch den buddhistischen Mönchen, die sich in der Weltabgeschiedenheit von Wüsten oder Klöstern um ihres Seelenheils willen der religiösen Kontemplation und Selbstzüchtigung hingaben, dass also im Unterschied dazu der Puritaner sich nicht aus dem praktischen Alltagsleben, insbesondere dem Berufs- und Wirtschaftsleben, zurückzieht. Die Kluft zwischen dem Diesseits und dem Jenseits wurde nicht allein durch religiöse Rituale und Gebete, sondern vor allem durch berufliche und wirtschaftliche Aktivität überbrückt. So nahmen die Calvinisten weiterhin aktiv am praktischen Leben teil; auch der Alltag wurde zur religiösen Sphäre, zu einem Lebensraum praktizierter Askese. Dadurch erhielt die profane Praxis wirtschaftlichen und beruflichen Wirkens selbst einen sakralisierten Anstrich. „Was profan scheint, ist doch nicht profan", bemerkt der Soziologe Helmuth Plessner. Gerade das alltägliche Wirken gilt den Puritanern als Bestätigung und Verkörperung ihrer ureigensten religiösen Überzeugungen. Damit begründeten die protestantischen Sekten nach Weber eine neue Ethik, die viele Lebensbereiche, insbesondere aber das wirtschaftliche Handeln grundlegend neu ausrichtete. Der Kern dieser Ethik sind Selbstbeherrschung, Arbeitsdisziplin, Sparsamkeit und rationale Lebensplanung bzw. -führung. Auf diese Weise bildete der protestantische Glauben im Laufe des 16. und 17. Jahrhunderts auf der ethischen Grundlage der *innerweltlichen Askese* geradezu einen neuen Sozial- und Kulturtyp heran, für den Arbeit und Beruf zum Selbstzweck wurden und sinnliche Lebensfreude, Freiheit und Hedonismus eher Verdruss bedeuteten. Um diese menschliche Typusbildung zu erreichen, bedurfte es freilich enorm starker Überzeugungs- und Erziehungsmächte, wie sie in der Vergangenheit eigentlich nur die Religion, die Weber „zu den wichtigsten formenden Elementen der Lebensführung" zählt (Weber 1988, S. 12), aufzubieten wusste.

Die Hauptsorge der Calvinisten galt freilich dennoch immer dem Leben nach dem Tod und der Erlösung im Jenseits, also letztlich dem persönlichen Heilsweg. Dieser führte nunmehr aber über ein wirtschaftlich und beruflich erfolgreiches Leben: Im beruflichen Werk dient der Mensch Gott. Das war ohne Vorbild in der Geschichte. Daraus ergab sich eine besondere Einstellung der Gläubigen zur Berufsarbeit. Höchste Priorität genossen nunmehr die Berufstätigkeit und die persönlichen Leistungen. Die aktive und dauerhafte Gestaltung der Welt durch Berufstätigkeit, durch eine *vita activa*, avancierte zu einer zentralen Wertvorstellung dieser Kreise. Das erforderte systematische Selbstkontrolle und rationale Lebensführung, in deren Zentrum der Konsumverzicht und die Disziplin zu stehen kamen.

Diese als religiöse Praxis verstandene Berufsarbeit, gemeinsam mit den sich einstellenden wirtschaftlichen Erfolgen – so die zentrale wirtschaftstheoretische These Max Webers –, habe nun wesentlich zur Herausbildung und Verbreitung der kapitalistischen Wirtschaftsform beigetragen. Das ist vor allem dem Umstand zuzuschreiben, dass Konsumverzicht und die systematische Neuinvestition der erwirtschafteten Gewinne der Kapitalbildung förderlich sind. Im Grunde wurden durch die Erziehung der Sektenmitglieder zur Selbstdisziplin und zur Askese zugleich die psychischen und moralischen Voraussetzungen für eine dauerhafte Akkumulation von Kapital, das dann immer wieder in den ökonomischen Kreislauf der Kapitalreproduktion zurückgeführt wurde, geschaffen. Dies ist, wie bereits Karl Marx hervorhob, letztlich die Grundlage jeder berechenbaren Warenproduktion und Kapitalverwertung (siehe Kapitel 1). Dabei geht es um eine möglichst beständige Vermehrung des Kapitals, mithin um Kapitalbildung um der Kapitalbildung willen. Dies ist gleichbedeutend mit einer Freisetzung des abstrakten und selbstreproduktiven Gewinnprinzips, mithin der Verselbstständigung des Gewinnstrebens gegenüber dem Konsum und der Bedürfnisbefriedigung. Man kann also sagen: Rationale Gewinnmaximierung, die zentrale Triebfeder des modernen Kapitalismus, wurde mit dem *Geist des Kapitalismus* zu einer Art religiöser Praxis erhoben. Auf diese Weise entstand Kapital als solches, nämlich als freigesetzte, abstrakte Ressource auf der ständigen Suche nach Verwertungschancen. Auch diesen selbstbezüglichen Mechanismus der Kapitalreproduktion, die Voraussetzung eines selbsttragenden ökonomischen Wachstums, hatte schon Marx klar erkannt. Weber aber zeigt die psychologischen, moralischen und sozialen Wurzeln des *ökonomischen Rationalismus* auf, Er belässt es nicht bei einer Zurechnung auf rein ökonomische Motive und Interessen. Das protestantische Berufs- und Arbeitsethos trägt somit zur Bildung eines Persönlichkeitstyps bei, für den eine positive Einstellung zur Berufsarbeit, Arbeitsdisziplin und Leistungsorientierung zu den zentralen Elementen der Lebensführung gehören. Somit wirkt die protestantische Ethik wie eine motivationale Stützung der kapitalistischen Wirtschaftsordnung.

Mit der Verbreitung der Sekten, zunächst im nördlichen Teil Europas und später, im Laufe des 17 und 18.Jahrhunderts dann vor allem in Nordamerika (Neuengland), sowie mit der Ausdehnung ihres sozialen Wirkungsfeldes, hatte die protestantische Lebensführung zunehmend auch Auswirkungen auf die gesamtgesellschaftliche Ordnung. Der Haupteffekt, den diese Form der Lebensgestaltung nach Max Weber hatte, ist, wie wir sahen, in der Verbreitung des ökonomischen Rationalismus zu sehen. Damit, so behauptet Weber, spielten die protestantischen Sekten eine entscheidende Rolle bei der Durchsetzung des "Geistes" des Kapitalismus. Sie können folglich als die wichtigsten *sozialen Trägergruppen* der ökonomischen und sozialen Modernisierung, die mit dem Durchbruch des ökonomischen Rationalismus und Kapitalismus einsetzte, angesehen werden. Ihre zentrale soziale Wirkung bestand nicht nur in der Persönlichkeitsprägung, sondern auch in der *Neucodierung der Wirtschaftsethik*. Die religiöse und kulturelle Orientierung der Protestanten fand in der kapitalistischen Betriebsführung und dann auch in der kapitalistischen Wirtschaftsverfassung ihre entscheidende Institutionalisierung.

„Soweit die Macht puritanischer Lebensauffassung reichte, kam sie unter allen Umständen – und dies ist natürlich weit wichtiger als die bloße Begünstigung der Kapitalbildung – der Tendenz zu bürgerlicher, ökonomisch *rationaler* Lebensführung zugute; sie war ihr wesentlichster und vor allem: ihr einzig konsequenter Träger. Sie stand an der Wiege des modernen Wirtschaftsmenschen." (Weber 1988, S. 195).

Und an einer anderen Stelle desselben Werkes heißt es:

„Einer der konstitutiven Bestandteile des modernen kapitalistischen Geistes, und nicht nur dieses, sondern der modernen Kultur: Die rationale Lebensführung auf Grundlage der *Berufsidee*, ist [...] geboren aus dem Geist der *christlichen Askese*." (Weber 1988, S. 202).

Die Wirkung der protestantischen Wirtschaftsethik blieb freilich nicht allein auf die ursprünglichen Trägergruppen, die Sekten des fundamentalistischen Protestantismus, beschränkt. Sie erfuhr darüber hinaus eine Verbreitung über die Grenzen der Sekten hinaus. Dabei war vor allem auch schlichte Nachahmung im Spiel. Schließlich war die „innerweltliche Askese" ein Lebensmodell, das vor allem eines versprach: wirtschaftlichen Erfolg. Damit trug sie auf scheinbar paradoxe Weise auch zur Säkularisierung bei.

„Der Puritaner wollte Berufsmensch sein, – wir müssen es sein. Denn indem die Askese aus den Mönchszellen heraus in das Berufsleben übertragen wurde und die innerweltliche Sittlichkeit zu beherrschen begann, half sie an ihrem Teile mit daran, jenen mächtigen Kosmos der Moderne, an die technischen und ökonomischen Voraussetzungen mechanisch-maschineller Produktion gebundenen, Wirtschaftsordnung erbauen, der heute den Lebensstil aller einzelnen, die in dies Triebwerk hineingeboren werden – nicht nur der direkt ökonomisch Erwerbstätigen –, mit überwältigendem Zwange bestimmt und vielleicht bestimmen wird, bis der letzte Zentner fossilen Brennstoffs verglüht ist." (Weber 1988, S. 203).

Die Bedeutung von Max Webers Analyse zur protestantischen Ethik als Erklärungsmodell für die soziologische Analyse der modernen Gesellschaft und ihrer historischen Entwicklung liegt zusammengefasst in folgenden Erkenntnissen: *Erstens* entwickelte Max Weber in diesem Zusammenhang ein neues soziologisches Erklärungsmodell. Dabei werden wirtschaftliche und makrogesellschaftliche Strukturen dadurch erklärt, dass die Bedeutung von kulturellen, insbesondere religiösen Orientierungen, betont wird. Diese kulturellen Phänomene werden allerdings nicht nur kultur- bzw. ideengeschichtlich gedeutet. Vielmehr zeigt Max Weber die Handlungsrelevanz und soziale Prägekraft von kulturellen Orientierungen strategischer Eliten auf. Damit leistete Max Weber *zweitens* einen grundlegenden Beitrag zur Kritik des Marx'schen Erklärungsmodells, das monokausal auf die ökonomischen, d.h. interessengeleiteten Determinanten sozialen Handelns zurückgreift.

Ein grundlegendes historisch-soziologisches Erklärungsparadigma ist Webers Analyse für die Soziologie darüber hinaus deshalb, weil der Heidelberger Gelehrte hier exemplarisch das zentrale Forschungsinteresse von kultursoziologischen Untersuchungen deutlich macht. Diese zielen primär auf die Analyse *nicht beabsichtigter Wirkungen* von sozialen Handlungen. Die Herausbildung des Kapitalismus als Wirtschaftsverfassung lag ja nicht in der Intention der protestantischen Sekten. Weder Calvin noch die einfachen Sektenmitglieder waren bewusst bestrebt, den modernen Kapitalismus zu befördern. Diese Leute hatten vor allem, um das noch einmal zu betonen, ihr individuelles und kollektives Seelenheil im Blick. Erst durch das komplexe Zusammenspiel verschiedener Faktoren und durch die Aggregation oder Bündelung dieser Handlungseffekte entfaltete der moderne „okzidentale Rationalismus" seine durchschlagende historische Wirkung:

> „Das Seelenheil und dies allein war der Angelpunkt ihres Lebens und Wirkens. Ihre ethischen Ziele und die praktischen Wirkungen ihrer Lehre waren alle hier verankert und nur Konsequenzen rein religiöser Motive. Und wir werden deshalb darauf gefasst sein, dass die Kulturwirkungen der Reformation zum guten Teil – vielleicht sogar für unsere speziellen Gesichtspunkte überwiegend – *unvorhergesehene und geradezu ungewollte Folgen* der Arbeit der Reformatoren waren, oft weit abliegend oder geradezu im Gegensatz stehend zu allem, was ihnen selbst vorschwebte." (Weber 1988, S. 82, Hervorhebungen hinzugefügt.).

Unter methodologischen Gesichtspunkten ist ferner auch die Hervorhebung der Rolle von kulturellen und ökonomischen Eliten im Prozess der Modernisierung von besonderem Interesse. Wie Webers Protestantismusstudie nämlich auch zeigt, lassen sich die wichtigsten Impulse für die Herausbildung einer neuen Wirtschaftsordnung auf benennbare Akteure, Handlungszusammenhänge und Gruppierungen zurückführen. Die protestantischen Sekten bildeten die kulturellen und wirtschaftlichen Eliten, die durch gemeinsame religiöse Werte verbunden waren und intensiv Beziehungen untereinander pflegten. Es handelt sich genauer um *häretische* Gruppierungen, die gegen die römische Papstkirche und die herrschende Doktrin des Katholizismus aufbegehrten und insofern gemeinsam ein sozial abweichendes Verhalten an den Tag legten. Die Stabilisierung und Homogenisierung ihrer revolutionären Wertorientierung gelang ihnen zunächst vor allem im Sozialgefüge der Sekte.

Sekten zeichnen sich soziologisch dadurch aus, dass sie im Unterschied zu Kirchen elitäre Gebilde sind, die ihre Mitglieder nach strengen religiösen Qualifikationsmerkmalen auswählen, ein äußerst intensives Gemeinschaftsleben pflegen, die jeweiligen Glaubensinhalte in hohem Maße für die Mitglieder verpflichtend sind, die Normenkonformität in allen Lebensbereichen von der Gruppe und der Sektenhierarchie streng überwacht wird (*soziale Kontrolle*) und ein Austritt aus der Gemeinschaft erheblich erschwert ist. Damit einher geht eine hohe soziale Integrations- und Kohäsionskraft. Diese wird häufig noch durch soziale Isolation, rigide Mitgliedschaftsregeln und strikte Grenzziehung gegenüber Nichtmitgliedern verstärkt. Sekten sind somit sozial geschlossene Gemeinschaften von Gläubigen mit einer strengen Glaubensdisziplin.

Max Weber definiert die Sekte wie folgt: „[I]m soziologischen Sinn ist (sie) eine [...] Gemeinschaft [...], welche ihrem *Sinn und Wesen* nach notwendig auf Universalität verzichten und notwendig auf durchaus freier Vereinbarung ihrer Mitglieder beruhen muss [...]. Die Sekte hat das Ideal der 'ecclesia pura' (daher der Name 'Puritaner'), der *sichtbaren* Gemeinschaft der Heiligen, aus deren Mitte die räudigen Schafe entfernt werden, damit sie Gottes Blick nicht beleidigen [...]. Der einzelne ist Kraft göttlicher Prädestination von Ewigkeit her... oder Kraft eines anderen [...] spezifischen Charisma der 'Sekte'. [D]ie Gemeinschaft ist der Ausleseapparat, der den qualifizierten vom nicht qualifizierten scheidet." (Weber 1976, S. 721f.; Hervorhebungen im Original).

Um Eliten handelt es sich deshalb, weil sich die protestantischen Sekten von den traditionellen religiösen Lebenszusammenhängen abhoben und zu Trägergruppen „revolutionärer" Wertideen und Lebensformen wurden. In den Sekten wurde ein für damalige Verhältnisse grundlegend neues Muster der Lebensführung praktiziert und vorgelebt, dass, wie wir sahen, auf der *innerweltlichen Askese* beruhte.

Mit der *Protestantischen Ethik* hat Max Weber also zusammengefasst ein multidimensionales Erklärungsmodell für die Wirkung von Ideen in der Geschichte und für kulturelle und soziale Innovation entwickelt. Wie nachstehendes Schaubild zeigt, basiert es auf drei interdependenten Säulen: a) auf der *Sinnstruktur*, b) auf der *Handlungsebene* („Lebensführung") sowie c) auf der sozialen *Organisationsform* der Sekte. Mindestens diese drei Dimensionen sind für eine soziologische Erklärung der historischen Wirkungen der protestantischen, insbesondere der calvinistischen Wertideen und ihrer Bedeutung für die Entstehung des modernen Kapitalismus relevant. Das ist zugleich auch ein vorzügliches Beispiel für Webers „verstehend-erklärende" Methode.

Kapitel 9: Max Webers Protestantische Ethik und der Geist des Kapitalismus

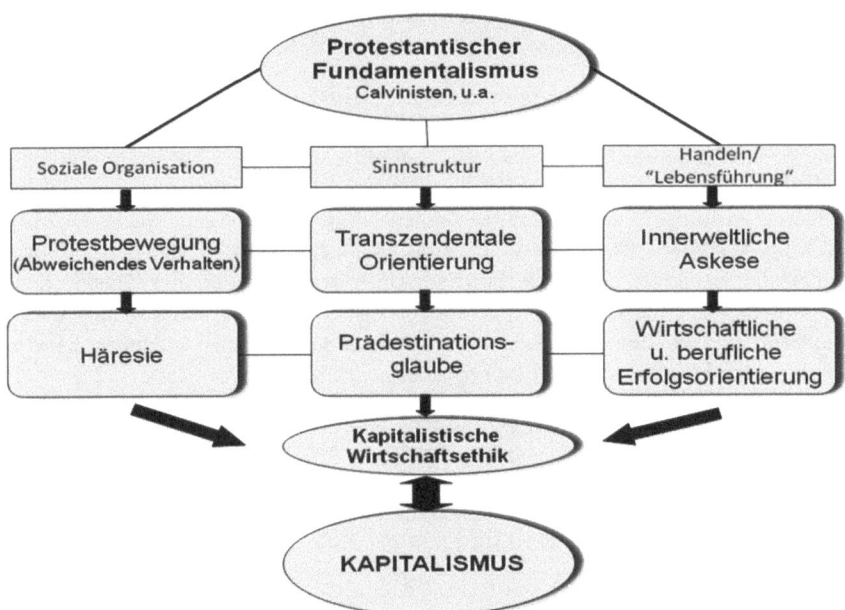

Zum Schluss sei noch die Frage nach der Aktualität der *Protestantischen Ethik* aufgeworfen. Warum beschäftigen sich Soziologen heute mit einer scheinbar so abgelegenen und in der Geschichte weit zurückliegenden Entwicklung? Auf die paradigmatische Bedeutung als soziologisches Erklärungsmodell wurde bereits hingewiesen. Wichtig ist aber auch, dass der *Geist des Kapitalismus*, so wie ihn Weber verstand, die *geistige* Grundlage der modernen Kultur ist. Der *Geist des Kapitalismus* stellt in unserer Gesellschaft einen universalen Wertzusammenhang oder eine generalisierte Norm dar. Beruflicher und wirtschaftlicher Erfolg ist immer mehr abhängig von sozialen Praktiken der *innerweltlichen Askese*, insbesondere von einer Wertschätzung der Arbeit und des Berufs als Selbstzweck, von einer rationalen Zeiteinteilung und Arbeitsorganisation, einer strikt erfolgsorientierten Lebenseinstellung und zunehmender Spezialisierung. Die heute weitverbreitete Ideologie und Praxis der Selbstoptimierung stellt eine Steigerungsform dieser weltlichen Ethik dar. Doch hat sich mittlerweile der *Geist des Kapitalismus* von seinen religiösen Grundlagen abgelöst. Heute ist es ein übermächtiger Zwang für alle, dem sich kein vernünftiger Mensch – gleich welcher Konfession –, schon auf Grund der Konkurrenz um begehrte, aber knappe Güter, entziehen kann.

Auch für die Weiterentwicklung von Webers Werk war die *Protestantische Ethik* von grundlegender Bedeutung. Das dort entwickelte soziologische und sozialgeschichtliche Erklärungsprogramm bildete den analytischen Bezugsrahmen, die Folie für seine späteren umfangreichen Arbeiten zum Konfuzianismus und Taoismus, zum Hinduismus und Buddhismus sowie zum antiken Judentum. Weitere geplante Studien zum Islam und zum Katholizismus konnte Max Weber aufgrund seines frühen Todes (1920) allerdings nicht mehr vollenden. Mit den genannten Studien bezweckte Weber, die Einzigartigkeit und Vorreiterrolle der historischen Entwicklung im Westen zu belegen. Er wollte zeigen,

„[...] welche Verkettung von Umständen (...) dazu geführt (hat), daß gerade auf dem Boden des Okzidents, und nur hier, Kulturerscheinungen auftraten, welche doch – wie wenigstens wir uns gern vorstellen – in einer Entwicklungsrichtung von universeller Bedeutung und Gültigkeit lagen." (Weber 1988, S. 1).

Die Durchsetzung des "okzidentalen Rationalismus" im Laufe des 20. Jahrhunderts auch in den fernöstlichen, arabischen und lateinamerikanischen Kulturräumen bezeugt die besondere Weitsichtigkeit von Max Webers soziologischen Kulturanalyse.

Diskussionsfragen

- Welche Bedeutung hat nach Max Weber die calvinistsiche Prädestinationslehre für die Herausbildung des modernen Kapitalismus?
- Was versteht Max Weber unter "Lebensführung" und welche Funktion erfüllt sie im Protestantismus?
- Welchen Beitrag zur Kapitalbildung leistete nach Max Weber die innerweltliche Askese der Protestanten?
- Welchen historischen Beitrag zur Säkularisierung leistete der religiöse Puritanismus?

Kapitel 10: Max Webers Herrschaftssoziologie

> **Zusammenfassung:**
> Macht und Herrschaft sind grundlegende Beziehungsstrukturen von gesellschaftlichen Ordnungen. Überall im sozialen Leben kristallisieren sich Individuen oder kleine Zirkel (Oligarchien) heraus, die einen Führungsanspruch stellen. Max Weber entwarf eine soziologische Typologie der Herrschaftsformen, die das Verständnis von politischen Prozessen und Institutionen auf eine gänzlich neue Grundlage gestellt hat. Eine entscheidende Bedeutung kommt dabei dem Begriff der "Legitimation" zu, mit dem Weber die Anerkennungsseite der Führungsansprüche auf Seiten der Machtunterworfenen theoretisch fasste.

Im Zentrum von Max Webers universalgeschichtlichen Studien zum Vergleich der Weltreligionen und zur Entwicklung des ‚okzidentalen Rationalismus' stand die Frage des Entstehens kultureller Ideen und ihrer Auswirkungen auf soziales Handeln und gesellschaftliche Entwicklung. Die *Protestantische Ethik und der Geist des Kapitalismus* bildete die wichtigste Grundlage für dieses Forschungsprogramm. Webers kultursoziologischer Theorieansatz vermittelt profunde Einsichten in die grundlegenden Merkmale und Widersprüche der modernen Gesellschaft, die auch heute noch von größter Bedeutung sind. Deshalb wurde das Werk Max Webers zum Forschungsgegenstand zahlreicher Sozialwissenschaftler in der ganzen Welt. Sie alle versuchen Webers Beitrag zur Soziologie zu würdigen, zu bewahren und auf aktuelle Fragestellungen anzuwenden.

In diesem Kapitel steht nun ein weiterer bahnbrechender wissenschaftlicher Beitrag Max Webers im Zentrum: Seine Herrschaftssoziologie. Weber arbeitete sie im Rahmen seines Hauptwerkes *Wirtschaft und Gesellschaft* aus. Bei diesem Werk handelt es sich um ein Fragment, das bei Webers Tod im Jahre 1920 noch nicht abgeschlossen war. Seine Witwe, Marianne Weber, hat dieses Konvolut an Fragmenten geordnet und gebündelt. Es wurde posthum 1921 als Buch veröffentlicht und legte trug wesentlich zum Weltruhm des Heidelberger Gelehrten bei.

Der Herrschaftssoziologie kommt innerhalb von Webers Gesamtwerk eine herausragende Stellung zu. Man kann in ihr den Gipfelpunkt von Webers Arbeiten zur Allgemeinen Soziologie sehen. Es handelt sich um ein werkgeschichtlich spätes Produkt, das um 1919/20 entstand. Weber selbst sah in seinem Beitrag zur Soziologie der Herrschaft eine einmalige wissenschaftliche Leistung. Er bezeichnete diesen Teil in einem Brief an seinen Verleger Paul Siebeck als „eine geschlossene soziologische Theorie und Darstellung", einschließlich „eine(r) umfassende(n) soziologische(n) Staats- und Herrschaftslehre". Und er fügte hinzu: „Ich darf behaupten, daß es noch nichts dergleichen gibt, auch kein Vorbild." (zit. nach Hanke 2001, S. 20).

War dies eine anmaßende Selbsteinschätzung? Immerhin können wir auf eine über 2.500 Jahre währende Geschichte der politischen Philosophie zurückblicken, in der die Frage der Herrschaft und des Staates stets einen prominenten Rang einnahm. Mittlerweile besteht jedoch weitgehend Übereinstimmung darüber, dass Max Weber tatsächlich mit seinem Herrschaftsbegriff eine „kopernikanische Wende" (Reinhard Koselleck) eingeleitet hat. Er hat *Herrschaft* zu einer tragfähigen soziologischen Kategorie geformt. Es ist sicher nicht übertrieben zu sagen, dass die Soziologie der Herrschaft durch Max Weber überhaupt erst begründet wurde. Die eigentliche Rezeption der Herrschaftssoziologie begann aber erst nach dem Zweiten Weltkrieg.

Nähern wir uns diesem Komplex von Webers Hauptwerk zunächst mit Hilfe zweier grundlegender Definitionen, nämlich der Begriffe *Macht* und *Herrschaft*.

> „Macht bedeutet jede Chance, innerhalb einer sozialen Beziehung den eigenen Willen auch gegen Widerstreben durchzusetzen, gleichviel worauf diese Chance beruht." (Weber 1976, S. 28).

Zunächst ist festzustellen, dass Weber Macht nicht als eine besondere Substanz oder Energie begreift, sondern als soziale Beziehung. Dieser Typus von sozialer Beziehung ist allgegenwärtig in der Gesellschaft. Das soll heißen: Macht ist nicht nur in bestimmten gesellschaftlichen Bereichen, etwa nur in der Politik oder in Unternehmen, vorzufinden. Machtbeziehungen bestimmen auch die Familie, religiöse Gemeinschaften oder die Beziehung zwischen den Geschlechtern.

Darauf kommt es wesentlich an: Es handelt sich um einen universalen Typ sozialen Handelns, der eine bipolare Dynamik zur Grundlage hat, wobei die soziale Situation allerdings einseitig durch die Überlegenheit des Machthabers oder Machtkomplexes (Vater, Führer, Organisationsleiter, Kollektive gegenüber anderen Kollektiven, Staatsverbänden und dergleichen) definiert wird. Insofern handelt es sich um eine *asymmetrische* Beziehung. Die besondere Dynamik von Machtrelationen sieht Weber in der Fähigkeit „den eigenen Willen auch gegen Widerstreben durchzusetzen".

Worauf gründet diese Überlegenheit? Webers Definition lässt die Bestimmungsgründe der Dominanz bewusst offen. Maßgeblich können sein: Gewalt, Geld oder psychischer Zwang, auch persönliches Charisma oder Wissen, ferner formale Kompetenzen und Organisationsmittel. Somit wird über die Substanz von Macht gar nichts ausgesagt, sondern nur über die *Form* der sozialen Beziehung. Die jeweilige Machtgrundlage, die Voraussetzung zur Möglichkeit von Überlegenheit, hängt von höchst unterschiedlichen Ressourcen und konkreten sozialen Situationen ab. Diese können in einer abstrakten Begriffsdefinition, wie sie die Allgemeine Soziologie entwickelt, nicht erfasst werden. Deshalb heißt es bei Weber zu Recht: „gleichviel worauf diese Chance beruht". Dazu noch ein Zitat von ihm:

> „Der Begriff ‚Macht' ist soziologisch amorph. Alle denkbaren Qualitäten eines Menschen und alle denkbaren Konstellationen können jemand in die Lage versetzen, seinen Willen in einer gegebenen Situation durchzusetzen." (ebd.).

Vom Machtbegriff ist nun der soziologische Begriff der Herrschaft zu unterscheiden.

„Herrschaft soll die Chance heißen, für spezifische (oder: für alle) Befehle bei einer angebbaren Gruppe von Menschen Gehorsam zu finden." (ebd.).

Das Wort „Herrschaft" klingt heute antiquiert. Darin schwingt noch das Herr-Knecht-Verhältnis vormoderner Zeiten mit. Heute würde man eher von „Autorität", „Führungsgewalt" oder „Leitung" sprechen. Wir verwenden den Begriff "Herrschaft" in der Soziologie somit in erster Linie als Fachterminus. Gemeint ist damit ein Fügsamkeitsverhältnis, das auf Befehl und Gehorsam basiert und die Folgebereitschaft des Herrschaftsunterworfenen garantiert. Es handelt sich mithin um ein Unter- und Überordnungsverhältnis, das auf praktiziertem, tatsächlichem Gehorsam beruht. „Gehorsam finden" zielt schon auf den Kern von Max Webers Verständnis des Sachverhalts, nämlich auf die Bedingungen zur Möglichkeit der Anerkennung eines Herrschaftsanspruchs bei den Herrschaftsunterworfenen. Nach Weber ist nicht der Anspruch, Herrschaft über andere Menschen zu gewinnen allein schon ausschlaggebend für die Begriffsbestimmung, sondern erst die subjektive Folgebereitschaft auf der Seite der Herrschaftsunterworfenen. Die Anerkennung des Herrschaftsanspruches ist somit konstitutiv für Herrschaftsverhältnisse; es gäbe kein Herrschaftsverhältnis ohne freiwillige Fügsamkeit. Letzteres betrifft den Legitimationsglauben; die *tatsächliche* Anerkennung eines Herrschaftsverhältnisses dagegen bezeichnet Weber als Legitimitäts*geltung*. Erst das Zusammenwirken beider bildet eine Herrschaftsbeziehung als Dauergebilde und stabile Form von Autorität, z.B. in der Form des Staates, der Kirche, des Patriarchats, beliebiger Organisationen, des Militärs und vieler mehr. Macht ist dabei eine essenzielle *Ressource* von Herrschaft.

Daraus ergibt sich eine bestimmte, tatsächlich bahnbrechende Sichtweise auf Herrschaft. Sie wird nämlich systematisch aus dem Blickwinkel der Unterworfenen betrachtet. Damit verbunden ist die Erkenntnis, dass eine (natürlich immer relative) Stabilisierung von Herrschaft eigentlich erst durch die Anerkennung des Herrschaftsanspruches seitens der Adressaten von Herrschaft, beispielsweise der Frauen im Patriarchat, der Mitglieder einer politischen Partei, der Bürger in der Demokratie, erreicht werden kann. Erst die faktische Akzeptanz des Herrschaftsverhältnisses durch die Unterworfenen – Untertanen, Mönche, Zöglinge, Bürger, Arbeitnehmer usw. – verleiht demzufolge einer Herrschaft erst Bestand und Stabilität.

Macht und Gewalt allein sind aus dieser Perspektive demgegenüber nur äußerst schwache Grundlagen für Herrschaftsgebilde. Mit dieser Umkehr der traditionellen Sichtweise, die Herrschaft im Wesentlichen aus der Perspektive der Herrschenden und als Technik des Machterhalts, mithin „von oben" und weitgehend ohne Berücksichtigung der unterlegenen, der Objekt-Seite des Herrschaftsverhältnisses betrachtete, leitete Max Weber einen Paradigmenwechsel in der politischen Theorie ein, eben jene "kopernikanische Wende". Grob gesagt überwindet er die traditionell in der machiavellistischen Tradition der politischen Theorie vorherrschende „Fürsten-Perspektive". Hierbei stand immer die Frage im Vordergrund: Wie kann der Fürst, gleichgültig worauf sein Anspruch beruht, ob auf Geburtsrecht, Eroberung oder Erwerb, seine Herrschaft über die Menschen auf einem bestimmten

Territorium oder in einem bestimmten Funktionszusammenhang erhalten und ausbauen? Die Herrschaftssoziologie fragt dagegen nach den Bedingungen der Möglichkeit, dass ein Herrschaftsanspruch bei den Herrschaftsunterworfenen *Anerkennung* findet.

Die herrschaftssoziologische Kernfrage lässt sich auch folgendermaßen formulieren: Warum erkennen Menschen Herrschaft an? Welche Motive der freiwilligen Unterwerfung und des Gehorchens kann man unterscheiden?

Webers Antwort lautet folgendermaßen:

> „Herrschaft (‚Autorität') in diesem Sinn kann im Einzelfall auf den verschiedensten Motiven der Fügsamkeit: von dumpfer Gewöhnung angefangen bis zu rein zweckrationalen Erwägungen beruhen. Ein bestimmtes Minimum an Gehorchen*wollen*, also: *Interesse* (äußerem oder innerem) am Gehorchen, gehört zu jedem echten Herrschaftsverhältnis." (ebd., S. 122).

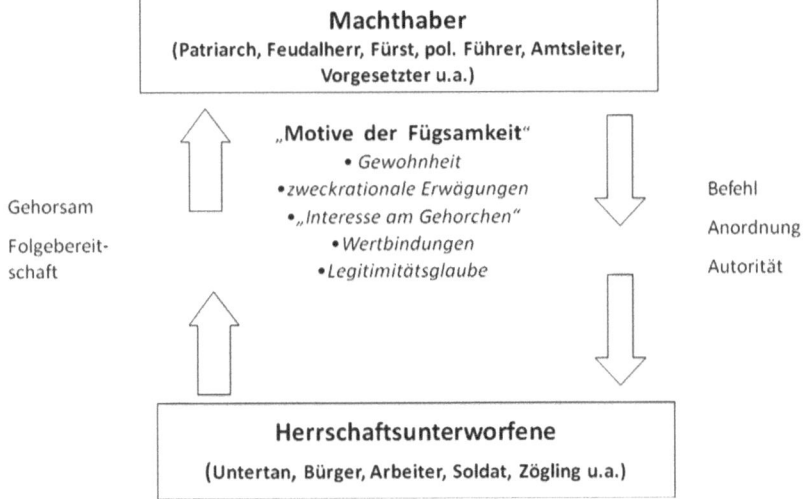

Gewohnheitsmäßiger Gehorsam ist weit verbreitet (siehe linke Pfeile der Grafik). Man akzeptiert den Herrschaftsanspruch, z.B. im Patriarchat den des Mannes über die Frau oder im Rechtsstaat den der Behörden über die Bürger, weil sich die Menschen daran gewöhnt haben, rein aus konventionellen Gründen. Man könnte auch von einer unbewussten oder zumindest nicht weiter hinterfragten Anpassung an eingelebte Verhältnisse sprechen. Auf jeden Fall müssen auch die Herrschaftsunterworfenen eine Bereitschaft zeigen, sich einem fremden Willen zu unterwerfen, damit ein Herrschaftsverhältnis zustande kommt. Diese Disposition zur Selbstunterwerfung kann natürlich Ausdruck unterschiedlicher Interessen sein, z.B. ökonomischer, auf Einkommen zielender in Wirtschaftsunternehmen, politischer, auf Macht zielender im Staat oder in politischen Parteien oder auch sozialer, auf Anerkennung oder Prestige zielender im Wissenschaftssystem.

Doch außer solchen zweckrationalen Interessen sind auch „innere", d.h. wertrationale Erwägungen bei der Bestimmung von „Motiven der Fügsamkeit" zu berücksichtigen. Dabei ist etwa an religiöse Überzeugungen, die Menschen dazu motivieren Befehle auszuführen, zu denken. Ein extremes Beispiel sind die islamistischen Selbstmordattentäter; ein anderes die mönchische Askese in den mittelalterlichen Klöstern. Auch intellektuelle Einsicht in die Überlegenheit einer bestimmten politischen Verfassung (z.B. Demokratie) oder der Expertise eines Arztes kann ein solches wertrationales Motiv begründen. Wichtig ist aber vor allem die subjektive Disposition zur Folgebereitschaft bzw. Unterordnung, also das, was Weber das „Gehorchenwollen" nennt, die Folgebereitschaft.

Wir können somit festhalten: Die Begriffe Macht und Herrschaft besitzen in der Soziologie eine spezifische Bedeutung. Macht und Herrschaft sind stets auf einer sozialen, wenngleich asymmetrischen Wechselbeziehung zwischen Herrschaftsträgern und Unterworfenen gegründet. Grundlegend für die Soziologie der Herrschaft ist Frage der Legitimität von Herrschaftsverhältnissen. Darunter versteht man die Anerkennung und Bestätigung des Herrschafts*anspruches* einer Person, einer Institution, eines Verbandes oder eines Kollektivs.

Mit der Umstellung auf Legitimität als zentralem Kriterium von Herrschaftsbeziehungen legt Max Weber zugleich die Grundlage für eine neue Klassifikation von Typen der Herrschaft. Für die abendländische Tradition der Staatstheorie war das von Aristoteles in der *Politika* entwickelte numerische Prinzip des Verhältnisses der Regierenden zu den Regierten maßgeblich. Demzufolge unterscheidet Aristoteles das Königtum als die Herrschaft des Einen, die Aristokratie als die Herrschaft der Wenigen und die Demokratie als die der Vielen oder der Mehrheit. Der griechische Philosoph postuliert als Grundnorm die Forderung, dass die politische Verfassung auf das allgeneine Wohl gerichtet sein muss. Max Weber verzichtet in seiner Herrschaftssoziologie aber bewusst auf eine inhaltliche Gemeinwohlbestimmung, weil eine solche notwendig auf subjektiven Wertungen beruhen würde. Werturteile sollten indes in der soziologischen Analyse, die möglichst unvoreingenommen sein und sich nur auf Tatsachen und empirische Erfahrungen beziehen sollte, tunlichst vermieden werden. Weber folgt bei seiner Klassifikation von Herrschaftstypen auch nicht mehr dem numerischen Ordnungsprinzip. Sein Ausgangspunkt ist stattdessen wiederum das Legitimationsprinzip. Dazu bemerkt er:

> „Keine Herrschaft begnügt sich, nach aller Erfahrung, freiwillig mit den nur materiellen oder nur affektuellen oder nur wertrationalen Motiven als Chancen ihres Fortbestandes. Jede sucht vielmehr den Glauben an ihre ‚Legitimität' zu erwecken und zu pflegen. Je nach der Art der beanspruchten Legitimität aber ist auch der Typus des Gehorchens, des zu dessen Garantie bestimmten Verwaltungsstabes und der Charakter der Ausübung der Herrschaft grundverschieden. Damit aber auch ihre Wirkung. Mithin ist es zweckmäßig, die Arten der Herrschaft je nach dem typischen *Legitimationsanspruch* zu unterscheiden." (ebd.).

In diesem Zitat wird noch einmal auf die grundlegende Bedeutung der Legitimität für einen dauerhaften Bestand von Autoritätsbeziehungen hingewiesen. Jede

Herrschaft, so die zentrale These, benötigt nicht nur objektiv Legitimität, sondern wird auch von sich aus bestrebt sein, eine eigene Legitimität zu begründen und zu erhalten. In der modernen Demokratie sind die politischen Wahlen entscheidende Gradmesser von Legitimität, aber auch die Meinungsforschung, mit der die politische Einstellung der Bürger erhoben wird. In der DDR übernahm diese Funktion, in Ermangelung aussagekräftiger demokratischer Wahlen und aufgrund fehlender Meinungsfreiheit, das Ministerium für Staatssicherheit. Die umfassende Bespitzelung der Bevölkerung war so etwas wie ein funktionales Äquivalent für die Meinungsforschung in der Demokratie.

Der Legitimationsanspruch ist aber auch das entscheidende Kriterium für die Klassifikation der Herrschaftstypen. Auch das war, wie bereits dargelegt, in der Geschichte der politischen Theorie keineswegs immer so. Neben dem numerischen Einteilungsprinzip könnte man auch Organisationsformen oder Verfassungsprinzipien als Unterscheidungskriterien heranziehen. Max Weber hält die Unterscheidung nach der Art des Legitimitätsglaubens jedoch für zweckmäßiger, weil damit die sozialen Voraussetzungen von Herrschaft systematisch Berücksichtigung finden.

Hinzu kommt noch ein zweiter grundlegend wichtiger Aspekt, der in dem letzten Zitat ebenfalls enthalten ist: „Je nach der Art der beanspruchten Legitimität aber ist auch der Typus des Gehorchens, *des zu dessen Garantie bestimmten Verwaltungsstabes* und der Charakter der Ausübung der Herrschaft grundverschieden." Unter „Verwaltungsstäben" versteht Weber die materielle, organisatorische Seite von Herrschaftsverhältnissen, also das Personal bzw. die Gefolgsleute einer Herrschaftsbeziehung. Welcher Art die „Verwaltungsstäbe", also die Kader und Führungsgruppen, sind, so die These, hängt ebenfalls von dem dominierenden Legitimitätstypus ab. Aber Legitimität und Verwaltungsstäbe sind auf jeden Fall strikt voneinander zu unterscheiden. Ich komme darauf bei der Besprechung der einzelnen Herrschaftstypen zurück.

Welches sind nun die Herrschaftstypen? Es gibt nach Weber drei *reine* Typen legitimer Herrschaft. Ihre Legitimitätsgeltung kann primär sein:

1. *Rationalen* Charakters: auf dem Glauben an die Legalität von durch Rechtsakte begründete Ordnungen und des Anweisungsrechts der durch sie zur Ausübung der Herrschaft Berufenen ruhen (legale Herrschaft), – oder

2. *traditionalen* Charakters: auf dem Alltagsglauben an die Unantastbarkeit ("Heiligkeit") von jeher geltenden Traditionen und auf der Legitimität der durch sie zur Autorität Berufenen beruhend (traditionale Herrschaft), – oder schließlich

3. *charismatischen* Charakters: auf der außeralltäglichen Hingabe an die Übermenschliche Ausstrahlung oder die Heldenkraft oder die Vorbildlichkeit einer Person und der durch sie offenbarten oder geschaffenen Ordnungen ruhen (charismatische Herrschaft). (vgl. ebd., S. 124).

Untenstehendes Schaubild gibt die Typen der Herrschaft nach Max Weber schematisch wieder. Im Folgenden gehe ich auf die beiden wichtigsten Typen, die bürokratische und die charismatische Herrschaft, näher ein. Der Fall der traditionalen Herrschaft ist weitgehend selbsterklärend und bedarf deshalb keiner ausführlichen Erläuterungen. Darüber hinaus unterliegt die traditionale Herrschaft, worunter der Patriarchalismus, der Feudalismus, der Patrimonialismus und Sultanismus, auch die Gerontokratie sowie Formen ständischer Herrschaft fallen, wie alle Traditionen in der modernen Gesellschaft, einer im beständigen sozialen Wandel angelegten allmählichen Auflösung.

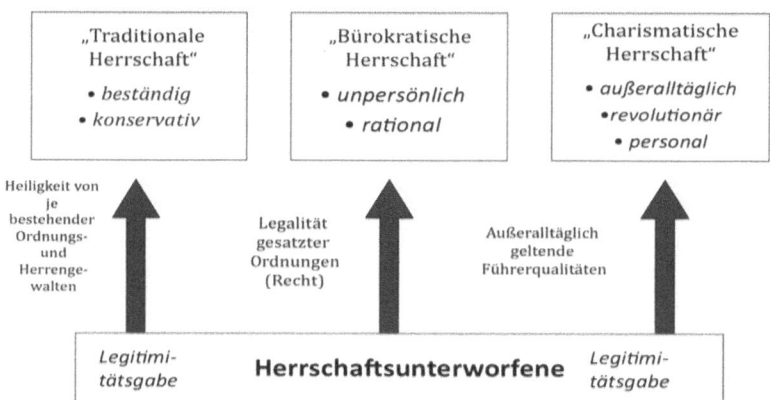

Beginnen wir mit der *bürokratisch-legalen* (auch *legal-rational* genannten) Herrschaft. Sie entspricht der spezifisch modernen – durch das Recht und die Bürokratie bestimmten – Herrschaftsform des okzidentalen Staates. Dementsprechend ist die Legitimationsgrundlage dieses Typs das positive Recht, sei es in Gestalt des Verfassungs-, oder Verwaltungsrechts oder des bürgerlichen Rechts, des Körperschaftsrechts usw. Die angesprochene Rechtsordnung ist ein eine, die von politischen Institutionen, wie Parlamenten, Regierungen oder Gerichten, also von den legitimen Organen der Gesetzgebung geschaffenes Normensystem; Weber spricht in diesem Zusammenhang von "gesatztem" Recht. Es sind die jeweils geltenden Gesetze, die prinzipiell immer auch ganz anders geartet sein könnten, weshalb sie letztlich kontingent sind. Das bedeutet: Das staatliche Recht hat in der Moderne keine transzendente Legitimation mehr; es ist kein „göttliches" Recht mehr, sondern stets ein von Menschen „gemachtes" Recht.

Die bürokratische Herrschaft wird in der Praxis von einem kontinuierlich arbeitenden, „regelgebundenen Betrieb von Amtsgeschäften" getragen. Insofern ist sie *rational*. Ihr Behördencharakter kommt auch in der Amtshierarchie zum Ausdruck, die einerseits eine Leitungsebene und andererseits abgestufte Anordnungsstränge vorsieht. Nicht nur die Ämter der Leitungsebene, auch die ausführenden Organe tragen einen überwiegend unpersönlichen und sachlichen Charakter, insofern Amtsträger prinzipiell ersetzbar sind; dabei bleibt das Amt in der Regel unangetastet. Dienstliche Aufgaben und Privates sind also strikt getrennt. Bei Verletzungen von Amtspflichten oder sonstigen Beschädigungen eines Amtes durch den Amtsinhaber kann die Person entfernt werden, um das Amt als solches zu schützen. Die Amtsträger wirken prinzipiell im Rahmen sachlicher Zuständigkeiten und auf rechtlicher Grundlage. Das erfordert eine mehr oder weniger umfassende Fachschulung der Funktionäre oder Beamten. Ein weiteres Kennzeichen der bürokratischen Herrschaft ist das Prinzip der Aktenmäßigkeit, heute überwiegend in Form von digitalen Datenbanken. Entscheidungen und Maßnahmen werden bis ins Einzelne dokumentiert, was prinzipiell die Rekonstruierbarkeit und Kontrolle der behördlichen Vorgänge möglich machen soll. In der modernen Gesellschaft liegt die staatliche Herrschaft überwiegend in den Händen von fachlich qualifizierten Beamten, die bestimmte Karrierewege eingeschlagen haben. Die Ämter sind weder Privatbesitz, noch können sie käuflich erworben oder vererbt werden.

Aufgrund der (amts-)rational und idealerweise ohne Ansehung der Person operierenden bürokratischen Herrschaft – *sine ira et studio* – ist diese ein „Machtmittel allerersten Ranges, für den, der über den bürokratischen Apparat verfügt" (ebd., S. 128). Das ergibt sich schon aus ihren besonderen Merkmalen, wie Weber im folgenden Zitat ausführt:

> „Die rein bürokratische, also: die bürokratisch-monokratische aktenmäßige Verwaltung ist nach allen Erfahrungen die an Präzision, Stetigkeit, Disziplin, Straffheit und Verlässlichkeit, also: Berechenbarkeit für den Herrn wie für die Interessenten, Intensität und Extensität der Leistung, formal universeller Anwendbarkeit auf alle Aufgaben, rein technisch zum Höchstmaß der Leistung vervollkommenbaren, in all diesen Bedeutungen: formal rationalste, Form der Herrschaftsausübung. Die Entwicklung ‚moderner' Verbandsformen in allen Gebieten (Staat, Kirche, Heer, Partei, Wirtschaftsbetrieb, Interessenverband, Verein, Stiftung und was immer es sei) ist schlechthin identisch mit Entwicklung und stetiger Zunahme der bürokratischen Verwaltung: ihre Entstehung ist z.B. die Keimzelle des modernen okzidentalen Staates." (ebd.).

Die technische Leistungsfähigkeit der „legalen Herrschaft mit bürokratischen Verwaltungsstäben" kann also gar nicht überschätzt werden. Max Weber spricht sogar von einer „Schicksalshaftigkeit der Bürokratie" (ebd., S. 129). Die Bürokratie ist eben nicht nur ein technisches Instrument oder eine neutrale Verwaltung; sie ist eine überaus machtvolle Variante von Herrschaft, von organisierten Befehlsgewalten, und zwar eine der unersetzbarsten und, welche die Menschheitsgeschichte hervorgebracht hat. Selbst die sozialistischen Gesellschaften, welche die Befreiung des Menschen von aller Knechtschaft auf ihre Fahnen geschrieben hatten, konnten sich nicht von der bürokratischen Rationalität emanzipieren, ja sie verhalfen ihr sogar zu noch mehr Kontrollmacht über die Gesellschaft, wie die Beispiele der Sowjetunion und der DDR zeigen. Daran wird deutlich, dass die Bürokratie ein vielseitig verwendbares Herrschafts- und Organisationsprinzip verkörpert, das prinzipiell in allen Kulturen und Gesellschaftstypen sowie in nahezu allen Bereichen der Gesellschaft, auf lokaler, nationaler und sogar internationaler (EU, UNO) Ebene, eine überragende Macht entfaltet. Verallgemeinert bedeutet das:

> „Der Typus des rationalen legalen Verwaltungsstabes ist universaler Anwendung fähig, und er ist das im Alltag Wichtigste. Denn Herrschaft ist im Alltag primär: Verwaltung." (ebd.).

Letzteres gilt übrigens nicht nur für die moderne Gesellschaft, sondern es galt auch schon für vormoderne Ordnungen, wie für das alte China und Ägypten, das spätrömische Reich und Byzanz.

Jeder Herrschaftstypus hat demnach seine spezifischen Stärken und Vorzüge, weist aber auch bestimmte Schwächen oder Probleme auf, denen der theoretische Idealtypus Rechnung zu tragen hat. Ein schwerwiegendes strukturelles, also in der Herrschaftsform selbst angelegtes Problem, ist etwa die Gefahr der Verselbstständigung der Bürokratie gegenüber den politischen Führungsorganen. Vielfach wurde festgestellt, dass, insbesondere in Demokratien, die Führungskompetenz der Parlamente und Regierungen durch die auf überlegenem Fach-, Rechts- und Verfahrenswissen beruhende Macht der bürokratischen Stäbe regelmäßig untergraben wird. Außerdem ist die Bürokratie in der Gesellschaft überall präsent und, wenn überhaupt, letztlich nur durch bürokratische Organe und Instrumente effektiv kontrollierbar. Die politische Führung, gleichviel ob es sich um eine demokratische Regierung, eine Diktatur oder eine Parteileitung handelt, ist letztlich immer auf bürokratische Stäbe angewiesen, während sie selbst in ihrem Wissen und ihrer Problemverarbeitungsfähigkeit im Vergleich mit dem bürokratischen Apparat stets strukturell beschränkt ist. Somit besteht immer die Gefahr der „Enteignung" der Führung durch nachgeordnete Ebenen, die sich gewissermaßen ohne Auftrag und Recht faktisch Führungsfunktionen aneignen. Hinzu kommt noch die nicht weniger problematische Tendenz einer Bürokratisierung des Politischen in dem Sinne, dass der „Geist der Bürokratie" die politische Kultur beherrscht. Die wichtigsten sozialen Trägergruppen dieses bürokratischen Geistes sind naturgemäß die Beamten, aber auch die Juristen, gleichsam die intellektuellen Garanten der Rationalität und Legalität bürokratischer Herrschaft.

Aufgrund der starken Tendenz zur expandierenden Bürokratisierung in nahezu sämtlichen gesellschaftlichen Bereichen sah Max Weber, der ein fortschrittlich gesinnter Liberaler war, die Grundlagen individueller Freiheit gefährdet. Seine Analyse der Herrschaft der Bürokratie gipfelte daher nicht zufällig in der folgenden, eher pessimistisch anmutenden Prognose:

> „Eine leblose Maschine ist geronnener Geist. Nur, daß sie dies ist, gibt ihr die Macht, die Menschen in ihren Dienst zu zwingen und den Alltag ihres Arbeitslebens so beherrschend zu bestimmen, wie es tatsächlich in der Fabrik der Fall ist. Geronnener Geist ist auch jene lebende Maschine, welche die bürokratische Organisation mit ihrer Spezialisierung der geschulten Facharbeit, ihrer Abgrenzung der Kompetenzen, ihren Reglements und hierarchisch abgestuften Gehorsamsverhältnissen darstellt. Im Verein mit der toten Maschine ist sie an der Arbeit, das Gehäuse jener Hörigkeit der Zukunft herzustellen, in welchem vielleicht dereinst die Menschen sich, wie die Fellachen im altägyptischen Staat, ohnmächtig zu fügen gezwungen sein werden, wenn ihnen eine rein technisch gute und das heißt: eine rationale Beamten-Verwaltung und -Versorgung der letzte und einzige Wert ist, der über die Art der Leitung ihrer Angelegenheiten entscheiden soll. Denn das leistet die Bürokratie ganz unvergleichlich viel besser als jegliche andere Struktur der Herrschaft." (ebd., S. 835).

Ein mögliches, wenngleich nur sehr schwaches Gegengewicht gegen die Übermacht der Bürokratie im modernen Staat sah Weber nur in den Parlamenten und in parlamentarischen Untersuchungsausschüssen gegeben. Ihnen obliegt die Kontrolle der Exekutive und der Verwaltungsverfahren. Heute würde man noch die Gerichtsbarkeit, insbesondere die Verwaltungsgerichtsbarkeit, hinzufügen. Als relativ schwach erweisen sich diese Organe nicht zuletzt deshalb, weil sie häufig selbst auf die Zuarbeit von bürokratischen Instanzen angewiesen sind und die verfügbaren Personalkapazitäten und Fachqualifikationen eine wirkliche Durchdringung der häufig intransparenten bürokratischen Apparate kaum erlauben. Doch es gibt nach Weber einen Herrschaftstyp, der gleichsam als geborenes Gegengewicht zur Übermacht der Bürokratie wirken kann: die charismatische Herrschaft, eine von besonders führungsstarken Individuen bestimmte Machtform. Die charismatische Herrschaft konzipierte Weber also als Gegenpol zur bürokratischen Herrschaft.

Die *charismatische Herrschaft* beruht auf dem Legitimationsprinzip der Außeralltäglichkeit einer bestimmten Person, genauer auf als heilig, heldenhaft oder vorbildlich – *angesehenen* (!) Qualitäten einer Person. Ob die betreffende Person objektiv tatsächlich über solche übermenschlichen Fähigkeiten verfügt, ist soziologisch nicht entscheidbar; das käme einem subjektiven Werturteil gleich. Entscheidend ist vielmehr, dass die Gefolgsleute – besonders die Verwaltungsstäbe, die Anhängerschaft und das Publikum – daran glauben. Die Anerkennung durch die Beherrschten ist somit ein ausreichender empirischer Beleg für das Vorliegen einer charismatischen Vergemeinschaftung. „(D)arauf allein, wie sie [die Persönlichkeit, M.B.] tatsächlich von den charismatisch Beherrschten, den ‚Anhängern', bewertet wird, kommt es an." (ebd., S. 140).

In einem neueren Geschichtswerk finden sich historische Figuren wie Perikles, Caesar, Oliver Cromwell, Napoleon, Mussolini, Hitler, de Gaulle und Mao Zedong als charismatische Führer vorgestellt (vgl. Nippel 2000). Man könnte noch Religions- und Sektenstifter, wie Jesus, Mohammed, Luther und Calvin, oder Studentenführer, wie Rudi Dutschke und Angela Davies, aber auch karitative Aktivistinnen, wie Mutter Teresa, in diese Kategorie einordnen. Die charismatische Herrschaft ist mithin ein *personenbezogenes* Machtgebilde.

Die typische Geburtsstunde charismatischer Bewegungen ist nach Weber eine gesellschaftliche Krise. Charisma ist

„[...] stets das Kind ungewöhnlicher äußerer, speziell politischer oder ökonomischer, oder innerer seelischer, namentlich religiöser Situationen [...]

(Es) entsteht aus der, einer Menschengruppe gemeinsamen, aus dem Außerordentlichen geborenen Erregung [...] aus Begeisterung oder Not und Hoffnung." (ebd.).

Typische Situationen, die die Entstehung von Charisma begünstigen, sind demnach Kriege, Wirtschaftseinbrüche, Revolutionen oder sonstige Störungen der moralischen Ordnung. Charisma ist deshalb kein Phänomen früherer Zeiten; es kann unter solchen Bedingungen auch in unserer Gegenwart jederzeit aufflammen.

Nicht allen, die glauben Charisma zu besitzen oder einen charismatischen Anspruch auf Gehorsam und Gefolgschaft stellen – also als Charisma-Prätendenten auftreten –, gelingt es auch tatsächlich eine charismatische Herrschaft zu begründen und aufrechtzuerhalten. Letztlich entscheidet nämlich die *Bewährung* in den Augen der Beherrschten, also ob die Erwartungen der engeren Gefolgschaft und des Publikums erfüllt werden oder nicht:

> „Bleibt die Bewährung dauernd aus, zeigt sich der charismatisch begnadete von seinem Gott oder seiner magischen oder Heldenkraft verlassen, bleibt ihm der Erfolg dauernd versagt, vor allem: bringt seine Führung kein Wohlergehen für die Beherrschten, so hat seine charismatische Autorität die Chance zu schwinden." (ebd., S. 140).

Das Erwartungsniveau der Beherrschten ist demnach sehr hoch. Loyalität ist nur so lange zu erwarten, wie einerseits der Glauben an die „übermenschlichen" Fähigkeiten des Charismatikers, und das heißt: der Glaube an eine Krisenbewältigung oder Problemlösung im Interesse der Gefolgsleute, aufrechterhalten bleibt und andererseits die materiellen, ideellen oder auch psychologischen Vorteile für die Beherrschten überwiegen.

Die wirkungsvollste Eigenschaft des Charismas aber ist dessen Kraft, herrschende Verhältnisse umzustürzen und neu zu definieren. Charisma ist, wie Weber betont, „[...] die spezifisch schöpferische revolutionäre Macht der Geschichte [...] die charismatische (Herrschaft) stürzt (innerhalb ihres Bereichs) die Vergangenheit und ist in diesem Sinne spezifisch revolutionär" (ebd., S. 141). Darin liegt der Hauptunterschied zwischen der charismatischen und der bürokratischen Herrschaft. So gut wie alle umstürzenden Bewegungen der Geschichte – die Christianisierung (mit Jesus und seinen Jünger an der Spitze), die Reformation (mit Luther), die Bauernkriege (mit Müntzer), die Großen Revolutionen (mit Cromwell, Robespierre, George Washington), die russische Revolution (mit Lenin), die europäische Integration (mit Jean Monnet), der Feminismus (mit Clara Zetkin, Rosa Luxemburg, Alice Schwarzer), um nur einige zu nennen, – hatten zumindest zu Beginn charismatische Führer oder Führerinnen an ihrer Spitze. Fast nie gingen sie von traditionalen Verhältnissen oder gar von bürokratischen Apparaten aus.

Die charismatische Herrschaft ist, wie Weber weiter hervorhebt, irrationalen Charakters. Das zeigt sich unter anderem an der für sie typischen Organisationsform. Ihre Verwaltungsstäbe werden nicht durch Beamtenstäbe gebildet. Es sind vielmehr die unmittelbaren Gefolgsleute der Führungspersönlichkeit, die Jünger, Kader oder persönlichen Freunde des Charismatikers, die dessen Befehle ausführen und dessen Ideen propagieren. Nicht fachliche, über formale Ausbildungswege erreichte Qualifikation, sondern persönliche Weihung im Sinne einer Berufung nach Eingebung und Wahl des Charismaträgers ist Voraussetzung für die Erlangung von Machtpositionen. Dadurch besteht ein enges und informelles Abhängigkeitsverhältnis zwischen dem Führer und seinen Verwaltungsstäben. Es existieren auch keine formalen Hierarchien oder gar eindeutige abgegrenzte Kompetenzen. Alles entscheidet der Charismatiker nach dem neutestamentarischen Motto: „Es steht geschrieben – ich aber sage euch!". Förmliche Gesetze, rationale Rechtsfindung oder Gerichtsurteile spielen dabei keine Rolle. An deren Stelle tritt die Offenbarung, das Orakel, die Erleuchtung des Charismatikers.

Irrational ist die charismatische Herrschaft aber auch, weil sie wirtschaftsfremd ist. Das bedeutet: Der Charismaträger und dessen unmittelbare Anhänger und Kader gehen keinem geregelten, kontinuierlichen, berechenbaren Gelderwerb nach. Die materielle Bedarfsdeckung erfolgt meist durch Schenkung, Stiftung oder Korruption; auch Bettelei, Beute und Erpressung gehören zu den typischen Versorgungsformen von charismatischen Gemeinschaften. Charismatische Führung sowie charismatische Hingabe eignen sich nicht als Berufe im engeren Sinne. Die charismatische Herrschaft ist „[...] von einer rationalen Wirtschaft her gesehen, eine typische Macht der ‚Unwirtschaftlichkeit'. Denn sie lehnt jede Verflechtung in den Alltag ab." (ebd.).

Die Personengebundenheit, die Bewährungsabhängigkeit, die mangelnde formale Organisationsrationalität sowie die Wirtschaftsfremdheit erhöhen die Autonomie sowie die Innovations- und Durchschlagskraft der charismatischen Herrschaft. Dieselben Merkmale weisen aber auch auf die eigentümlichen Schwächen dieses Herrschaftstyps hin. Charismatische Führer können erkranken; ihre Lebenszeit ist begrenzt. Sie sind beim genuinen Charisma aber unersetzbar. Die Nachfolge stellt daher immer ein gravierendes Problem dar. Die Bewährung kann nicht garantiert werden, sie kann auch ausbleiben, zumal der Charismaträger nicht alle gesellschaftlichen Bedingungen dafür selbst zu kontrollieren oder zu beeinflussen vermag. Die Regellosigkeit der Organisation führt zu Kompetenzüberschneidungen und konfliktträchtiger Konkurrenz um Machtpositionen, besonders um den Zugang zum und den Einfluss auf den Machthaber, aber natürlich geht es dabei auch um Pfründe und Prestige. Für die daraus resultierenden Macht- und Verteilungskonflikte gibt es jedoch keine Regeln, etwa formalen Schlichtungsverfahren. Und dann kommen noch die unerbittlichen Zwänge der „Mächte des Alltags", insbesondere der Wirtschaft und der Gesellschaft, hinzu. Besonders die Verwaltungsstäbe streben nach sicherem Einkommen, dauerhaften Positionen und individueller Machtexpansion. Die Anfälligkeit der charismatischen Herrschaft gegenüber den Interessen des Alltags ist stark, besonders wenn die Gefolgschaft noch Versorgungspflichten gegenüber ihren Familien oder Sippen hat. Deshalb ist nach Weber das genuine Charisma immer nur ein Übergangstyp und stets von begrenzter Dauer. In der Regel geht das Charisma relativ rasch in die alltäglichen Formen der Herrschaft, vor allem in die traditionale und bürokratische, über (siehe Schaubild oben). Weber nennt diesen Prozess: *Veralltäglichung* des Charismas.

> „In ihrer genuinen Form ist die charismatische Herrschaft spezifisch *außeralltäglichen* Charakters [...] Bleibt diese nun aber nicht rein ephemer, sondern nimmt sie den Charakter einer *Dauer*beziehung: – ‚Gemeinde' von Glaubensgenossen oder Kriegern oder Jüngern, oder: Parteiverband, oder politischer, oder hierokratischer Verband – an, so muss die charismatische Herrschaft, die sozusagen nur in *statu nascendi* in idealtypischer Reinheit bestand, ihren Charakter wesentlich ändern: sie wird traditionalisiert oder

rationalisiert (legalisiert) oder: beides in verschiedenen Hinsichten." (ebd., S. 142f.).

Abschließend sei noch darauf hingewiesen, dass es sich bei den drei Herrschaftstypen lediglich um Idealtypen handelt. „Zu glauben: die historische Gesamtrealität", schreibt Weber, „lasse sich in das [...] entwickelte Begriffsschema ‚einfangen', liegt hier so fern wie möglich" (ebd.). Es handelt sich um begriffliche Konstruktionen, die gleichsam als Sonden zur Tiefenerkundung der immer weitaus komplexeren und von Mischverhältnissen geprägten empirischen Wirklichkeit dienen sollen – Idealtypen sind keine Realtypen. Letztere entsprechen nur annäherungsweise dem theoretischen Begriff. Mit anderen Worten: Reale Herrschaftsverhältnisse korrespondieren kaum jemals mit dem einen oder anderen analytischen Typus. Das Entweder-Oder-Schema wird durch ein Mehr-Oder-Weniger-Schema ersetzt, also durch graduelle Entsprechungen. Welchen Charakter eine konkrete, historische oder gegenwärtige Herrschaftsformation hat, das kann letztlich nur die empirische Forschung zeigen. Doch gute Empirie benötigt geeignete analytische Modelle, um nicht im Nebel einer unübersichtlichen und vielschichtigen Wirklichkeit herumzustochern. Max Webers Herrschaftstypen dienen in diesem Sinne als Wegweiser für die Erforschung der komplexen empirischen Wirklichkeit der Macht- und Herrschaftsbeziehungen in Geschichte und Gegenwart.

Diskussionsfragen:

- Worin unterscheidet sich "Herrschaft" von "Macht"?
- Was versteht Weber unter "Legitimität"?
- Warum ist die Legitimationsdimension für Herrschaftsverhältnisse soziologisch bedeutsam?
- Welches sind und worin unterscheiden sich die drei Typen legitimer Herrschaft?
- Worin liegt die besondere gesellschaftliche Kraft des Charismas, worin seine spezifischen Schwächen?

Kapitel 11: Vilfredo Pareto: „Nicht-rationales Handeln" und Eliten[4]

> **Zusammenfassung:**
>
> Paretos ökonomische Soziologie setzt sich kritisch mit Karl Marx auseinander und nimmt dabei Fragen zur sozialen Ungleichheit und zur Einkommenspyramide auf. In seinen Untersuchungen beschäftigt er sich vor allem mit den institutionellen Aspekten des ökonomischen Prozesses, wie Monopole und Staatsunternehmen. Aus der Auseinandersetzung mit Schriften von Naturwissenschaftlern wie Isaak Newton, Ernst Mach und Henri Poincaré entstehen seine Grundpositionen zum methodischen Selbstverständnis der Soziologie. Vor allem das nicht-logische Handeln interessiert Pareto, und so widmet er seine Forschungen hauptsächlich der Logik der Gefühle. Eliten, vor allem politische, und Rhetorik gehören für ihn zusammen. So ist Politik, auch die Demokratie, für ihn auf die Macht von kleinen ausgewählten Gruppen zurückzuführen. Die normalen Bürger haben wenig Mitspracherecht, von dem wählenden Volk ganz zu schweigen.

Vilfredo Pareto (1848–1923) stammt aus einer bildungsbürgerlichen und laizistischen Familie. Er studiert an der Universität Turin Mathematik und Ingenieurwissenschaften. Zwei Jahrzehnte ist Pareto in der Privatwirtschaft tätig, wo er leitende Funktionen übernimmt. In Florenz, wo er von 1873 bis 1893 lebt, tritt er als Vertreter eines radikalen ökonomischen und politischen Liberalismus öffentlich hervor. Früh beschäftigt er sich mit den Theorien der neoklassischen Schule der Volkswirtschaftslehre, die mit der Entwicklung des Grenznutzenprinzips in der 1870er Jahren das wirtschaftswissenschaftliche Denken in neue Bahnen lenken. Im Jahre 1893 erhält Pareto einen Ruf auf den Lehrstuhl für Nationalökonomie an der Universität Lausanne. Er tritt dort die Nachfolge des französischen Begründers der mathematischen Ökonomie, Léon Walras, an. In der Schweiz widmet er seine Arbeitskraft vor allem der wirtschafts- und dann verstärkt auch der sozialwissenschaftlichen Theoriebildung. Seit 1897 hält er Vorlesungen über politische Ideologien und Sozialtheorien, in denen er sich kritisch mit den Ideen des Marxismus und Positivismus sowie mit dem Sozialdarwinismus auseinandersetzt.

Die sozialistische Linke nennt ihn den *Marx der Bourgeoisie*. In der Tat ist Paretos Verhältnis zum Sozialismus zwiespältig: Die ökonomische Lehre des Marxismus ist für ihn wissenschaftlich durch die neuen Werttheorien der Grenznutzenschulen überholt. Ihn fasziniert aber der politische Idealismus, die moralische Gesinnung und vor allem die Leidenschaft für die *res publica,* für das öffentliche politische Leben vieler sozialistischer Aktivisten und Anführer. Dabei fällt ihm aber auch ein Phänomen auf, das ihn ein Leben lang beschäftigte. Er bemerkt, wie sich um die Wende vom 19. zum 20. Jahrhundert im Zuge der Organisations- und Mobilisierungserfolge der Arbeiterbewegung, aber im offenkundigen Widerspruch zu ihren radikaldemokratischen Postulaten, eine „Aristokratie" des Parteibeamtentums und der Funktionärsintellektuellen herausbildet. Diese tritt den einfachen Parteimitgliedern als privilegierte Machtgruppe gegenüber. Pareto glaubt, darin ein allgemeingültiges soziologisches Gesetz entdeckt zu haben: dass der *Oligarchi-*

---

[4] Dieses Kapitel stützt sich auf meinen Beitrag in: Kaesler 2005, S. 94ff113.

sierung demokratischer Organisationen in Verbindung mit der Zirkulation der Eliten. Darauf komme ich weiter unten zurück.

Das wissenschaftliche Lebenswerk Vilfredo Paretos teilt sich auf in seine frühen theoretischen Arbeiten zur politischen Ökonomie und in die Schriften zur Soziologie mit der zuerst im Jahre 1916 in Florenz erschienenen *Abhandlung über Allgemeine Soziologie* (*Trattato di sociologia generale*) als Hauptwerk. Paretos Interesse an der Nationalökonomie richtet sich zunächst vornehmlich auf die Weiterentwicklung der theoretischen Ökonomie in der Tradition der Neoklassik, weshalb seine besondere Aufmerksamkeit der mathematischen Ökonomie gilt. Mit bahnbrechenden Beiträgen zur Wahlakttheorie und zur Wohlfahrtsökonomie (PARETO-Optimum) erlangt er schon früh internationalen Ruhm. Doch Pareto stellt die Diskussion theoretischer Probleme der Ökonomie von vornherein in einen breiteren sozialwissenschaftlichen Zusammenhang. So thematisiert er in seinem Frühwerk in kritischer Auseinandersetzung mit der marxistischen Theorie Fragen der sozialen Ungleichheit, die für ihn in dem universalen und unveränderlichen (quasi natürlichen) Prinzip der Einkommenspyramide wurzelt. Diese weist eine kleine Schicht von Vermögenden und Spitzenverdienern auf, der eine nach unten immer breiter werdenden Schichten mit abnehmendem Einkommen gegenüberstehen. Diese Arbeiten legen den Grundstein für Paretos ökonomische Soziologie, in der er auch institutionelle Aspekte des ökonomischen Prozesses, wie Monopole und Staatsunternehmen, untersucht (vgl. Bach 2006, Kapitel 1). Unter dem Einfluss der Schriften der Wissenschaftstheoretiker Ernst Mach und Henri Poincaré entwickelt Pareto die Grundpositionen seines methodischen Selbstverständnisses. Demnach ist die Soziologie in erster Linie eine Erfahrungswissenschaft, die soziale Tatsachen mit dem Ziel erforscht, empirisch überprüfbare Aussagen über gesellschaftliche Gesetzmäßigkeiten zu formulieren.

Seinen wohl wichtigsten Beitrag zur soziologischen Methodenfrage leistet Pareto indes mit dem einzigartigen Versuch einer *handlungstheoretischen* Begründung der soziologischen Erkenntnis. Diese Konzeption basiert auf einer methodischen Kritik zweier Grundannahmen der positivistischen Sozialwissenschaft: Zum einen hält es Pareto, ähnlich wie Max Weber, für wissenschaftlich überholt, von sozialen Phänomenen in Termini von Ganzheiten, Kollektivgebilden oder historischen Kräften als eigenständigen Handlungssubjekten, wie z.B. von „dem Staat", „den Verbänden", „der Nation" oder „der Rasse", zu sprechen. Seinem methodischen Verständnis nach, kommen nur beobachtbare Handlungen Einzelner als empirisch greifbare Tatsachen und damit als Objekte einer strikt erfahrungswissenschaftlich ausgerichteten soziologischen Forschung in Frage. Alle Kollektivgebilde, wie Märkte, Institutionen, Kriege oder sonstige Aggregationen des gesellschaftlichen Lebens, sind hingegen als gewollte oder nicht gewollte Wirkungen individueller Handlungen zu begreifen. Damit vertritt Pareto das auch heute in der Soziologie noch gültige Postulat des *methodologischen Individualismus*.

Die zweite Stoßrichtung von Paretos methodologischer Kritik zielt auf das Prinzip der *Rationalität*. Was für wirtschaftliches Handeln gelte, nämlich dass Verhaltensregelmäßigkeiten der Akteure meist auf rationale Entscheidungen im Sinne einer zweckgerichteten Mittel-Nutzen-Kalkulation zurückzuführen sind, trifft nicht für alle gesellschaftlichen Sphären zu. Im Gegenteil lehre die Erfahrung, dass viele gesellschaftliche Bereiche gar nicht von Logik und Vernunft, von zweckorientiertem Kalkül und rationaler Entscheidung, sondern vielmehr eher von Gefühlen und irrationalen Impulsen geprägt sind. Das gelte in besonderem Maße für elementare Prozesse der Gemeinschaftsbildung, für das religiöse, aber auch für das politische Leben. Pareto fasst die gefühlsgeprägten Handlungsmuster deshalb als eigenständige Verhaltenstypen auf, nämlich als *nicht-logisches Handeln*. Darauf zielt sein soziologisches Forschungsprogramm ab

Im Mittelpunkt dieses beispiellosen Unternehmens steht der Begriff des *sozialen Handelns*. Dieser umfasst nach Pareto emotional bestimmtes Gesellschaftshandeln im weitesten Sinne. Darunter fallen all jene Handlungsmuster, die sich nicht mit dem Rationalitätstypus des zweckentsprechenden Handelns, wie es p für die Wissenschaft, die Technik, das strategische Kalkül und den Utilitarismus charakteristisch ist, zur Deckung bringen lassen. Der Begriff des nicht-logischen Handelns ist mithin vor allem als *Abweichung* von der Rationalität des erfolgsorientierten, rein utilitaristischen Handelns konzipiert. Das heißt, er umfasst Handlungsformen, für die kennzeichnend ist, dass sich die Mittelwahl der Akteure objektiv *nicht* als zweckadäquat erweist, wenngleich die Handelnden selbst freilich subjektiv von der "Logizität" und Wirksamkeit ihres Tuns überzeugt sein mögen. „Objektiv" meint hier: nach Maßgabe wissenschaftlicher Erkenntnis. Das Musterbeispiel für eine solche Handlungslogik repräsentieren *Praktiken der Magie*. Hier glauben Akteure an die reale Wirkung von rein spirituellen Ritualen und Gedanken, wie Zaubersprüchen, Regentänzen, Gebeten oder mystischen Gedanken. Für Pareto ist magisches Handeln daher der wichtigste reine Typus des nicht-logischen Handelns. Dessen para-logische Struktur lässt sich in vielen gesellschaftlichen Handlungsbereichen nachweisen: in religiösen Kulten und Glaubenssystemen ebenso wie auf politischem Gebiet. Die Rationalität des *nicht-logischen Handelns* wird so in Paretos Theorieaufbau zum Ausgangs- und Angelpunkt einer soziologischen Theorie. Sein Forschungsprogramm ist hauptsächlich einer empirischen Erforschung der, wie er es nennt: *Logik der Gefühle*, gewidmet.

In seinem Hauptwerk, dem *Trattato*, kommt dieses Anliegen in der begrifflichen Unterscheidung zwischen einer *prä-reflexiven* und einer *reflexiven* Handlungsebene zum Ausdruck. Den präreflexiven Handlungselementen misst er – neben den freilich nie zu vernachlässigenden materiellen Interessen und Idealen – eine weitaus größere Bedeutung für das Handeln der Menschen und für die Gesellschaft im Allgemeinen zu als den reflexiven und zweckrationalen. Auch im kollektiven Leben spielen spezifische soziale Verhaltensmuster, die den Handelnden meist nicht bewusst sind, sondern spontan und reflexartig wirken, eine weitaus größere Rolle für die Integration und den Bestand von sozialen Gebilden als rationales Verhaltensstrukturen. Pareto will diesen elementaren *nicht-rationalen Mechanismen* der Gesellschaft auf den Grund gehen. Er wählt dazu einen für den methodologischen Positivismus ganz unüblichen interpretativen Zugang, indem er bestimmte Ideengebilde auf Typen der zugrundeliegenden kollektiven Vorstellungs- und Diskursmuster hin untersucht. Damit vollzog Pareto in seiner Methode eine *hermeneutische Wende, denn die Tatsachen, die ihm als Material dienen, sind nichts anderes als Texte.* Zu den für dieses Verfahren geeigneten Textgenres rechnet er vor allem politische Theorien und Soziallehren, die einen exemplarischen Charakter als literarische Zeugnisse von soziokulturellen Entwicklungen besitzen und außerdem eine gewisse Popularität genießen sollten. Das hermeneutische Verfahren zielt auf die Differenzierung zweier Grundaspekte, die in seinen Augen alle „theoretischen" Diskurse aufweisen: „einen konstanten, instinktiven, nicht-logischen Aspekt" auf der einen Seite und „einen deduktiven, auf Erklärung, Rechtfertigung und Begründung des ersten abzielenden Aspekt" auf der anderen Seite. Pareto glaubt also, dass man auf dem Weg einer solchen Unterscheidung von historisch variablen Diskurskomponenten einerseits und konstanten Komponenten andererseits auf nicht weiter reduzierbare und damit konstitutive Sinnkategorien und Bedeutungsprinzipien stoßen könnte. Soweit diese konstanten Diskurselemente kulturübergreifend nachweisbar sind, lassen sie nach Paretos Vorstellung auf universal gültige sozio-mentale Strukturen schließen. Ihren konkreten Ausdruck finden diese *constellations of consciousness* (Brigitte Berger) in mannigfaltigen konkreten Riten und Symbolen, z.B. im Totemglauben, in Heiligenanbetungen und Heldenverehrungen, Begräbnis- und Initiationsriten, Askesepraktiken oder Reinigungszeremonien. Pareto widmet der Analyse der Darstellung solcher Riten im *Trattato* umfassende kulturgeschichtliche und kulturvergleichende Einzelstudien. Seine zentrale These lautet, dass solcherart kultureller Kristallisationen im Verlauf der Geschichte zwar vielfältigen Wandlungen unterliegen. Ein ursprünglich magisch-religiöser Bedeutungskern bliebe aber auch noch in der säkularisierten Moderne erhalten. Pareto nennt diese Kategorien oder Sinnkristallisationen auf der präreflexiven Handlungsebene *Residuen.*

Paretos erstellt eine lange Liste an Residuen und verfährt dabei wie ein Botaniker der menschlichen Affekte, d.h. entwirft eine Taxonomie. Die Klassifikation umfasst insgesamt mehr als 50 Residuen (vgl. Bach 2004, 232ff.). Die beiden wichtigsten Klassen – die *Kombination heterogener Elemente* und die *Persistenz von sozialen Verbindungen* – repräsentieren die Grundvoraussetzungen von Zivilisation: Die Disposition zu schöpferischer Tätigkeit durch magisch-religiöse Rituale, Erkenntnisvermögen, herstellende Arbeit, Kunstfertigkeit, Kreativität und dergleichen. Diese anthropologischen Grundbedingungen der menschlichen Gattung werden durch Verhaltensmuster ergänzt, welche die Dauerhaftigkeit („Persistenz") von sozialen Beziehungen im Personenverband (Familie, Sippe; Loyalität, Pietät, Ehre) und die Überlieferung von Bräuchen und Sitten gewährleisten.

Paretos Soziologie der Residuen ist, das macht schon die Begriffswahl deutlich, weder als eine biologistische Trieb- oder Instinktlehre noch als eine naturalistische Erklärung sozialer Tatsachen, wie ihm vielfach unterstellt wurde, zu verstehen. Stattdessen ist hervorzuheben, dass Pareto mit den Residuen eine Konzeptualisierung von relativ *konstanten, vorreflexiven sozio-mentalen Sinnstrukturen und Deutungsmustern* im Blick hat. Diesen vorreflexiven Formen kommt nun in seinen Augen eine ganz entscheidende Rolle bei der gesellschaftlichen Ordnungsbildung zu. Pareto rückte jene vorreflexiven und prärationalen Verhaltens- und Sinnkerne nämlich als eigenständige soziokulturelle Mechanismen des gesellschaftlichen Handelns in das Zentrum der soziologischen Theoriebildung.

Dessen ungeachtet misst Pareto der Sphäre des Denkens und der Ideen eine ebenfalls eine eigenständige Bedeutung im Sozialsystem bei, obgleich sie im Hinblick auf ihre gesellschaftliche Prägekraft nach seiner Überzeugung mit den Residuen nicht konkurrieren können. Darin erblickt er soziologisch aufschlussreiche, geistige und vor allem sprachliche Ausdrucksformen von historisch-sozialen Kräftekonstellationen und Gefühlslagen. Paretos Ideenlehre ähnelt damit dem Marx'schen Ideologiebegriff, obwohl er selbst seine Herangehensweise stets als Kritik und als soziologischen Gegenentwurf zur Marx'schen Theorie verstanden wissen wollte. Deshalb verwendet er auch an keiner Stelle den Terminus „Ideologie", sondern ersetzt diesen durch den Begriff *Derivationen*.

Unter *Derivationen* versteht Pareto objektiv unbegründete, zweifelhafte und logisch inkonsistente Ideen und Theorien. Sie zeichnen sich dadurch aus, dass sie Kollektive zu überzeugen vermögen und dadurch soziales Handeln maßgeblich beeinflussen. Sozialphilosophische wie sozialethische, vor allem aber historische und politische Erzählungen werden Pareto zufolge fast ausschließlich von Derivationen beherrscht. Nationalismus, Demokratie, Sozialismus, Faschismus – die großen Kampftheorien und Ideale des 19. Jahrhunderts – lieferten ihm vielfältiges Anschauungsmaterial für seine Theorie.

Die Derivationen bilden somit den diskursiven und reflexiven Gegenpart zu den spontan wirkenden und primär assoziativen Residuen. Wie diese, sind auch die Derivationen aber in der Handlungsstruktur selbst angelegt. Nicht-rationales Handeln wird durch sie gleichsam mit einer „Glanzschicht der Logik" (Pareto) überzogen und damit, meist im Nachhinein, erklärt und gerechtfertigt. Das sei, Ausdruck des menschlichen Bedürfnisses, Handlungen so „logisch" wie möglich erscheinen zu lassen, auch und besonders dann, wenn nicht-logische, irrationale oder unbewusste Motivationen im Spiel sind. In ihrem Bemühen, den Anschein von logischer Stimmigkeit und Rationalität zu erzielen, machen sich die Akteure vielfach pseudo-logische Argumentationen und Sophismen (Scheinbeweise) zunutze. Derivationen basieren somit auf Trugschlüssen und Illusionen, Glaubensüberzeugungen und Vorurteilen.

Wie wirken Derivationen in der Gesellschaft? Durch welche Mechanismen entfalten sie in der Praxis ihre spezifische soziale Wirksamkeit, etwa als Leitideen sozialer und politischer Bewegungen oder von Institutionen? Hier kommen nun erneut die Residuen ins Spiel. Denn die Überzeugungskraft der Derivationen, die schließlich nicht auf einen objektiven Wahrheitsgehalt oder auf logische Schlüssigkeit der Argumente zurückgeführt werden kann, ist vor allem dem Aufreizen und Anstacheln von *Gefühlen* geschuldet. Dazu bemerkt Pareto im *Trattato*: Die Derivationen stellen „die Sprache dar, vermittels der man bis zu den Emotionen der Menschen vordringen kann". Und diese "Sprache" (von ihm auch *Logik der Gefühle* genannt) entfaltet sich am effektvollsten in der politischen Rhetorik. Denn Rhetorik stellt wesentlich auf Wirkung ab; sie zielt – so schon bei Aristoteles – auf Überzeugung oder auch Überredung des Publikums. Im Gegensatz zum antiken Denken fokussiert Pareto jedoch besonders die manipulative Funktion, mithin das Moment der Täuschung und Suggestion, auch der Verführung, Irreführung und Demagogie. Er stellt damit die gezielte Lenkung und Beeinflussung der öffentlichen Meinungsbildung als eigenständigen Mechanismus der politischen Kommunikation in den Mittelpunkt seiner Überlegungen zur Rhetorik. Dabei müsse man keineswegs Hinterlist unterstellen, sagt er, denn der beste Prophet sei doch stets der, welcher von seiner Mission selbst am meisten überzeugt sei, oder, wie es die Philosophin Hannah Arendt einmal ausdrückte, "Selbsttäuschung ist die gefährlichste Form des Lügens." (Arendt 2019, S. 78).

Im Kern hat Paretos mit seiner Derivationentheorie eine wissenssoziologische Argumentations- und Rhetoriktheorie vorgelegt. Analog zur Typologie der Residuen unterschieden und klassifiziert Pareto wieder Grundmuster und Modi, diesmal jene der *persuasiven Kommunikation*, wie sie besonders bei der politischen Rede, der Propaganda und in der öffentlichen Auseinandersetzung zur Anwendung gelangen. Die spezifische soziologische Problemstellung dieser Theorie ergibt sich aus einer subtilen Analyse der Muster der nicht-rationalen persuasiven Kommunikation. Das bedeutet, dass Paretos Ansatz der Rhetorikanalyse primär auf die Voraussetzungen und Folgen der sozialen Wirkmächtigkeit von Derivationen ausgerichtet ist. Unter soziologischen Gesichtspunkten sind deshalb „Sophismen [...], die von einer großen Zahl von Menschen übernommen werden, [...] von größtem Interesse". Und er fügt hinzu: „Die Logik untersucht, warum ein Argument nicht stichhaltig ist; die Soziologie, warum es breite Zustimmung findet" (zit. n. Bach 2005, S. 106). Mit anderen Worten, Paretos Soziologie der Rhetorik basiert auf einer Untersuchung der Resonanz, die besonders im politischen Zusammenhang regelmäßig Scheinargumente finden. Das ist gewissermaßen der Kern der *Sozio-Logik* von Derivationen. Die Derivationen sind stets auf bestimmte Adressaten bezogen, sei es auf ein konkretes Publikum, die politische Öffentlichkeit oder auch auf mehr oder weniger sozial geschlossene Gefolgschaften. Sie gewinnen dadurch ihre meinungsbildende und mobilisierende Schlagkraft als grundlegende Elemente der politischen Praxis. Derivationen gehören mithin zum Arsenal des politischen Kampfes.

Und hier kommen die politischen Eliten ins Spiel. Nach Pareto sind es nun besonders die gesellschaftlichen Macht- und Führungsgruppen, die sich des Mittels der Rhetorik bedienen, um ihre Ziele umzusetzen und ihre Macht auszubauen. Diese Führungsgruppen erscheinen in seiner Sicht geradezu als Virtuosen der politischen Rhetorik. Sie bilden – im Verbund mit den politischen Intellektuellen – die unentbehrlichen sozialen Trägergruppen der politischen Kommunikation. Eliten definiert Pareto als die regierenden Machteliten, zu deren Hauptgeschäft die staatspolitische Legitimations-Rhetorik gehört. Dazu sind aber auch die Gegeneliten zu zählen, deren meist moralisch motivierte Rhetorik sich oft als ein wichtiges Mittel ihres Strebens nach öffentlicher Aufmerksamkeit und Macht ist.

Paretos Auffassung von der gesellschaftlichen Funktion von Führungsgruppen und von politischer Rhetorik gründet auf der impliziten Annahme, dass die öffentlichen politischen Auseinandersetzungen einer alles anderen als rationalen Diskurslogik folgen. Letztlich kaschieren und rationalisieren auch die politischen Eliten mit Hilfe von Derivationen die Strategien und Finessen ihres Machtstrebens. Letzteres ist der Kampf der Eliten immer von List und Gewalt, geprägt, wie Pareto nicht müde wird zu betonen. Das ist im Übrigen Ausdruck der für ihn unumstößlichen Tatsache, dass jede Gesellschaft, gleich welche Staatsverfassung und welches politische Regime sie hat, immer in Eliten und Nichteliten aufgeteilt ist. Selbst die ihrem Selbstverständnis nach am radikalsten demokratisch gesinnten neuen Parteien seiner Zeit, die sozialistischen, entgingen nicht dem Schicksal aller Massenverbände: Sie unterlagen gleichfalls der Spaltung der Mitglieder in zentrale politische Führungsgruppen und Regierungsmitglieder, die allmählich zu einer neuen politischen Oligarchie heranwuchsen auf der einen Seite. Auf der anderen Seite steht immer das einfache Parteivolk, dessen Möglichkeiten der demokratischen Mitbestimmung stets begrenzt sind. Die Überzeugung, dass die auf dem allgemeinen Wahlrecht basierende Volksrepräsentation nichts als oberflächlicher Schein sei, hinter dem sich stets eine *kleine regierende Klasse* verberge, die „[...] teils mittels Gewalt, teils aufgrund von Zustimmung seitens der Regierten, die stets zahlenmäßig viel umfangreicher ist, ihre Macht behauptet" (zit. n. Bach 2005, S. 107f.), teilt Pareto mit Gaetano Mosca und Robert Michels, den beiden anderen Hauptvertretern der italienischen Schule der Elitentheorie.

Paretos politische Soziologie lässt sich somit auf die grundlegende Erkenntnis zurückführen, dass unter den für die Moderne typischen Bedingungen der funktionalen Differenzierung, der Klassenspaltung und vielfältiger weiterer sozialer Unterschiede und Gegensätze im Hinblick auf materielle Interessenlagen und ideologische Orientierungen die Gesellschaft letztlich nur durch eine *Vermittlung* von Interessen- und Wertkonflikten in einem gewissen Gleichgewicht gehalten werden kann. Genau diese Aufgabe leisten hauptsächlich die politischen Macht- und Funktionseliten. Sie werden somit auch als unerlässliche Akteursgruppen für die gesellschaftliche Integration von pluralistischen Gesellschaften angesehen. Die erfolgreiche Erfüllung dieser, durch das politische System vermittelten gesellschaftlichen Integrationsfunktion setzt in Paretos Augen allerdings einen beständigen *Kreislauf der Eliten* voraus. Dabei findet ein periodischer, im Fall der parlamentarischen Demokratie gewaltfreier Austausch von regierenden Machtgruppen durch politisch aktive Gegeneliten statt, was die Ablösung alter und die Machtübernahme neuer Eliten ermöglicht. Nur so lässt sich der Gefahr einer dauerhaften Monopolisierung von Herrschaftsfunktionen und -positionen durch eine herrschende Klasse und der Tendenz zur ständischen oder gerontokratischen Verknöcherung von politischen Systemen entgegenwirken. Dass ein friedlicher und geregelter Elitenaustausch freilich nicht als Regelfall anzusehen ist, lehrt die Geschichte, in der Pareto einen „Friedhof von Eliten" sieht. Grundsätzlich werden die aus den Elitenkämpfen hervorgehenden politischen Regime von den jeweils dominierenden Residuen-Figurationen und Derivationen bestimmt, die die herrschenden Gruppen der politischen Klasse verkörpern und derer sie sich zum Machterhalt bedienen. Die politischen Führungsgruppen erweisen sich damit als die wichtigsten Akteure. Paretos historisch-soziologische Analyse konzentriert sich auf die gesellschaftlichen Prozesse, die der Elitenzirkulation Vorschub leisten.

Die im *Trattato* entwickelte Elitentheorie erweist sich somit als ein facettenreicher Entwurf, der sich nicht auf eine soziographische Beschreibung von gesellschaftlichen Machtgruppen und Schichten verkürzen lässt. Vielmehr entfaltet Pareto damit zugleich die begrifflichen Grundlagen für eine systematische Verknüpfung der handlungstheoretischen Grundannahmen – der Residuen- und Derivationenlehre – mit der soziologischen Ordnungstheorie. Letztere ist konflikttheoretisch angelegt, sie eignet sich deshalb besonders gut für eine Makroanalyse pluralistischer Gesellschaften, wie die breite Rezeption seines Werkes, besonders in den USA seit den 1930er Jahren, eindringlich belegt (vgl. Wenzel 1990, S. 83ff.).

Pareto wurde aber auch häufig eine gewisse Nähe zum Faschismus nachgesagt. Seine Elitentheorie scheint dies auf den ersten Blick auch zu bestätigen, könnte man sie doch leicht als Rechtfertigung von Autokratien missverstehen. Es ist auch nicht von der Hand zu weisen, dass Paretos politisches Denken antidemokratische Züge trägt und einer gewissen Neigung zum Aristokratismus nicht entbehrt. Natürlich wurde diese Ausrichtung von Paretos Denken auch von dem Faschismus nahestehenden Intellektuellen und Propagandisten in den zwanziger und dreißiger Jahren des 19. Jahrhunderts zur Rechtfertigung von Mussolinis Regime genutzt. Anfangs stand Pareto dem charismatischen Führer aus Italien auch tatsächlich wohlwollend gegenüber. In seinen letzten öffentlichen Stellungnahmen nach dem Marsch auf Rom vom Oktober 1922, der Regierungsübernahme der Faschisten, überwiegt bei ihm jedoch bereits deutlich Skepsis gegenüber der auf Beseitigung der parlamentarischen Demokratie und Errichtung einer illiberalen Einparteiendiktatur angelegten Politik des *Duce*. Der einstige Sympathisant des Faschismus wirkt so am Ende seines Lebens als ein prominenter Kritiker des faschistischen Regimes aus dem liberalen Lager.

Diskussionsfragen

- Welche methodologischen und inhaltlichen Analyseperspektiven sind mir Paretos soziologischer Handlungstheorie verbunden?
- Was versteht Pareto unter "Residuen" und wie beeinflussen sie das gesellschaftliche Leben?
- Was versteht Pareto unter "Derivationen" und welche Rolle spielen sie im politischen Leben der Gesellschaft?
- Worin liegt der soziologische Gehalt von Paretos Elitenbegriff?

Kapitel 12: Norbert Elias: „Figuration" und „Zivilisation" [5]

> **Zusammenfassung:**
> Norbert Elias ist der Begründer der soziologischen Figurationstheorie. Diese untersucht die Dynamik und Auswirkungen der Interdependenzen von Individuen. Elias hat eine bahnbrechende Zivilisationstheorie ausgearbeitet, die die sozialen Mechanismen zur Kontrolle von roher Gewalt und anderer Affekte im menschlichen Zusammenleben in den Mittelpunkt stellt. Zivilisation ist ein Prozess, welcher durch Festigung und Differenzierung von Affektkontrollen in allen Lebensbereichen vonstatten geht. Elias untersucht die Soziogenese des Staates, das soziale Leben an Königshöfen sowie die Ratgeberliteratur zu den gesellschaftlichen Umgangsformen vom frühen Mittelalter bis zum Absolutismus.

Norbert Elias (1897–1990) gilt als einer der bedeutendsten Soziologen und Universalgelehrten des 20. Jahrhunderts. Elias wurde als Sohn jüdischer Eltern im schlesischen Breslau geboren, wo er das städtische Johannes-Gymnasium besuchte. Als Neunzehnjähriger nahm er zunächst ein Medizinstudium auf, um dies alsbald abzubrechen und sich in Heidelberg und Freiburg dem Studium der Philosophie zu widmen. Bei dem Neukantianer Hönigswald reichte Elias eine philosophische Dissertation ein, deren Titel *Idee und Individuum. Eine kritische Untersuchung zum Begriff der Geschichte* (1924) bereits auf die wesentlichen Themen verwies, mit denen er sich später als Soziologe beschäftigen sollte. Dazu gehören vor allem eine Auseinandersetzung mit dem Verhältnis von Individuum und Gesellschaft und der Entwicklung neuer Denk- und Sprachmittel für eine wirklichkeitsgetreuere Abbildung sozialer Prozesse. Damit beabsichtigte Elias, eine interdisziplinäre Theorie der Menschheitsentwicklung zu entwerfen. Einen Beitrag zu letzterer lieferte er mit seiner Habilitationsschrift *Der höfische Mensch*, einer Untersuchung der Herrschaftsstruktur und den sozialen Umgangsformen am Hofe Ludwigs XIV. Elias zeichnet darin die Verhöflichungs- und Zivilisationsprozesse im absolutistischen Frankreich nach und bettet sie in die Machtbeziehungen zwischen König und Adel ein. Die Studie wurde 1932 eingereicht, allerdings erst 1969 mit dem Titel *Die höfische Gesellschaft* veröffentlicht. 1933, im Jahr der nationalsozialistischen Machtergreifung, wurde Elias wegen seiner jüdischen Herkunft die für die Habilitation notwendige Antrittsvorlesung an der Universität Frankfurt a. M untersagt, so dass es nicht zum Abschluss des Habilitationsverfahrens kommen konnte. Nachdem damit sein Plan, eine Karriere als Universitätsprofessor einzuschlagen, vereitelt wurde, war Elias gezwungen, zunächst nach London und dann nach Frankreich zu emigrieren. In der Abgeschiedenheit des Exils entstand bereits in den dreißiger Jahren der erste Band seines Hauptwerks *Über den Prozess der Zivilisation* (Band 1: *Wandlungen des Verhaltens in den weltlichen Oberschichten des Abendlandes*). Anhand von Etiketten- und Manierenbüchern aus verschiedenen Jahrhunderten entwickelte Elias eine Theorie der Genese menschlicher Persönlichkeits- und Verhaltensstrukturen, Empfindungen und Affekte, die er später mit Forschungsergebnissen zur Soziogenese des abendländischen Staates verknüpfen sollte (Band 2: *Wandlungen der Gesellschaft.*

---

[5] Unter Mitarbeit von Ellen Madeker.

Entwurf zu einer Theorie der Zivilisation). Anfang der sechziger Jahre nahm Elias eine Gastprofessur an der Universität von Ghana an. Nach seiner Rückkehr veröffentlichte er zusammen mit John L. Scotson die figurationssoziologische Studie *The Established and the Outsiders. A Sociological Enquiry into Community Problems* (1965; auf Deutsch erst 1990: *Etablierte und Außenseiter*). Die Rezeption von Elias' Lebenswerk ließ lange auf sich warten. Selbst nach dem Zweiten Weltkrieg kursierten Elias' Studien zum Zivilisationsprozess zunächst nur als „Geheimtip unter Kennern" (Korte 2003, S. 324). Erst mit dem Erscheinen einer Taschenbuchausgabe von *Über den Prozess der Zivilisation* im Jahre 1976 folgte eine breitere Rezeption des Elias'schen Hauptwerks, das schließlich in zwanzig Sprachen übersetzt wurde und sowohl von Soziologen als auch von Historikern, Psychologen und Philosophen rezipiert wurde. In den achtziger Jahren schöpfte Elias aus seinem umfangreichen Fundus an bislang unveröffentlichten Skripten und publizierte u.a. wissenssoziologische Studien wie *Engagement und Distanzierung* (1983) und *Über die Zeit* (1984). Daneben erschienen die ebenfalls teilweise bereits in den dreißiger Jahren verfassten Studien *Die Gesellschaft der Individuen* (1987), *Über die Einsamkeit der Sterbenden* (1982), *Studien über die Deutschen* (1989) und *Mozart – Zur Soziologie eines Genies* (1991). Erst im Alter von fast achtzig Jahren avancierte Norbert Elias – im Anschluss an die breite Rezeption von *Über den Prozess der Zivilisation* – von einem unbekannten Außenseiter zu einem der zentralen Theoretiker der Sozialwissenschaften.

Elias' Hauptaugenmerk liegt auf langfristigen sozialen Prozessen und menschlichen Interdependenzstrukturen. Im Folgenden soll zunächst auf den zentralen Begriff der *Figuration* eingegangen werden, der den Kernbegriff der Elias'schen Prozesstheorie darstellt. Im darauffolgenden Abschnitt soll das Figurationskonzept anhand eines konkreten Beispiels – der Etablierten-Außenseiter-Figuration – veranschaulicht werden. Im letzten Abschnitt diesem Kapitel wenden wir uns der Zivilisations- und Staatsbildungstheorie zu und beleuchten die Kernaussagen des Werkes *Prozess der Zivilisation*.

Menschen bilden durch ihre Abhängigkeit voneinander und Angewiesenheit aufeinander vielfältige Interdependenzgeflechte, mithin komplexe gesellschaftliche Netzwerke, die Elias als *Figurationen* bezeichnet. Dieser sehr weit gefasste Begriff bezieht sich nicht nur auf einzelne, in permanenter Wechselwirkung stehende Individuen, sondern auch auf interdependente Gruppen, die in ihrer Größe beträchtlich variieren können. So sind menschliche Geflechte in Form von Familien, Städten, Parteien, Regionen, Nationalstaaten oder supranationalen Gebilden, wie der Europäischen Union, denkbar (Elias 2004, S. 28). Der Begriff der Figuration ist die Elias'sche Antwort auf die von ihm selbst erhobene Forderung nach der Entwicklung eigener Denk- und Sprachmittel in der Soziologie, um zentrale Probleme und Strukturen des gesellschaftlichen Zusammenlebens sach- und wirklichkeitsgerechter erfassen, beschreiben und erklären zu können. Es fehle nicht nur an gesichertem Wissen über die Struktureigentümlichkeiten solcher Figurationen, sondern vor allem über die Typen der Zwänge, die unpersönlich und autonom in ihnen wirken und im Extremfall „zerstörerische Kraft" (ebd., S. 23) entwickeln können. Elias geht davon aus, dass Menschen in größeren gesellschaftlichen Gefügen kraft ihrer Interdependenz und ständigen Verflechtung ihrer Handlung und Erfahrung einen Typ von Funktionszusammenhang bilden, der unabhängig von der Ebene der Individuen oft ein Eigenleben entwickelt, auf dem das Augenmerk der Soziologie liegen sollte. Jede Figuration ist durch bestimmte Struktureigentümlichkeiten, wie vor allem Macht- und Herrschaftsverhältnisse sowie Abhängigkeiten durch Trieb- oder Affektketten, Arbeitsverbindungen und Machtverhältnisse gekennzeichnet. Entscheidend ist dabei, dass die Figuration regelmäßig eine relative Autonomie gegenüber den Individuen einnimmt, welche sich aus der fundamentalen Bezogenheit der Menschen aufeinander erklärt und die es zu erforschen gilt:

> „Die Aufgabe, das Verständnis dieser Zwänge im Allgemeinen und das Wissen von ihnen in jedem speziellen Untersuchungsfeld zu vergrößern und verlässlicher zu machen, steht dementsprechend im Zentrum der soziologischen Lehr- und Forschungsarbeit." (ebd., S. 14).

Die folgende Abbildung zeigt, wie der Figurationsbegriff das Problem der rigiden Gegenüberstellung von Individuum und Gesellschaft löst, indem er die einzelnen Individuen in komplexe Geflechte oder Netzwerke einbettet und konsequenterweise ein Verstehen „von den Beziehungen her" fordert.

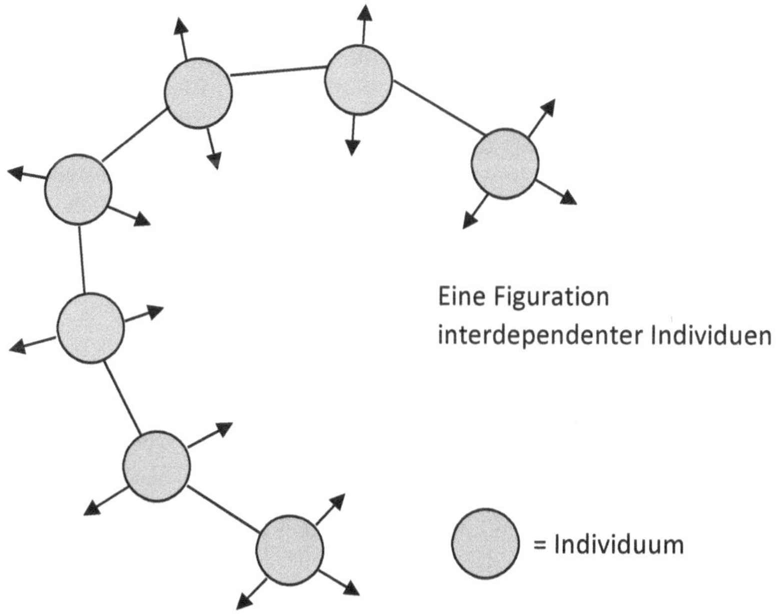

Eine Figuration interdependenter Individuen

◯ = Individuum

Die Pfeile in der Figur veranschaulichen, wie einzelne Individuen kraft ihrer elementaren Ausgerichtetheit aufeinander auf verschiedenste Art aneinandergebunden sind und so Figurationen bzw. Gesellschaft *bilden* und *formen*. Nach Elias entspricht diese Konzeption von Gesellschaft weitaus mehr der Realität als die gedanklich-analytische und begriffliche Trennung von Individuum auf der einen und Gesellschaft auf der anderen Seite:

> „Die Figur dient dazu, dem Leser zu helfen, in Gedanken die harte Fassade der verdinglichten Begriffe zu durchbrechen, die den Menschen gegenwärtig den Zugang zum klaren Verständnis ihres eigenen gesellschaftlichen Lebens weitgehend verstellen und die immer von neuem dem Eindruck Vorschub leisten, daß die ‚Gesellschaft' aus Gebilden außerhalb des ‚Ich', des einzelnen Individuums bestehe und daß das einzelne Individuum zugleich von der Gesellschaft umgeben und von ihr durch eine unsichtbare Wand getrennt sei." (ebd., S. 11f.).

Mit anderen Worten ist es Elias' zentrales Anliegen, die Entwicklung der Soziologie in Richtung auf das Denken in besagten Verflechtungen oder Figurationen, die Menschen miteinander bilden, voranzutreiben. Dabei ist er sich – in unmissverständlicher Abgrenzung vom Positivismus – der Unzulänglichkeit naturwissenschaftlicher Modelle zur Erfassung gesellschaftlicher Prozesse stets bewusst und forscht in der Überzeugung, dass das Figurationskonzept einen Schritt in Richtung eines wirklichkeitsgerechteren Menschenbildes darstellt. Das Sprechen von und das Denken in Figurationen betont zudem den Prozesscharakter der menschlichen Entwicklung und trägt der für Elias zentralen Erkenntnis Rechnung, dass Wandlungen Struktureigentümlichkeiten von Menschengefügen sind. Figurationen sind also niemals statischer Natur und berücksichtigen, dass Vergangenheit, Gegenwart und Zukunft ein diachronisches Kontinuum bilden, in dem „alles immer im Werden" ist. Dieses Grundverständnis erfordert es, den Fokus aller soziologischen Untersuchungen auf kurz- oder langfristige Prozesse menschlicher Entwicklung zu legen. Die Hauptaufgabe der Soziologie wird also zum einen in der Erarbeitung adäquater Denk- und Sprachmittel für die wirklichkeitsgerechtere Abbildung der Realität, und zum anderen in der Herausforderung gesehen, ausgehend von den oben explizierten Annahmen über menschliches Zusammenleben zuverlässigeres Wissen über gesellschaftliche Wechselwirkungen und Zwänge zu erarbeiten.

Der soeben explizierten Forderung nach zuverlässigem und universell gültigem Wissen über menschliche Formen des Zusammenlebens kommt Elias in der gemeindesoziologischen Studie *Etablierte und Außenseiter* (1990) nach. Dieser forschungspraktischen Anwendung liegt das Figurationskonzept zugrunde, und dieses wird von Elias und seinem Schüler John L. Scotson weiter konkretisiert. Bei Elias' und Scotsons Analyse handelt es sich um eine makrosoziologische Fallstudie, die zwischen 1958 und 1960 in einer englischen Vorortgemeinde mit dem fiktiven Namen „Winston Parva" durchgeführt wurde. In dieser Arbeitersiedlung standen sich Alteingesessene und Neusiedler – räumlich wie symbolisch durch eine Bahnlinie getrennt – als Etablierte und Außenseiter gegenüber. Außer der Wohndauer am Ort gab es zwischen den beiden Gruppen keine wesentlichen sozialstrukturellen Unterschiede; wohl aber traten Statusunterschiede zwischen „Alten" und „Neuen" deutlich zutage, wobei die Rangordnung eindeutig zugunsten der Alteingesessenen ausfiel. Diese Beobachtung und der Umstand, dass „Außenseiter" offensichtlich durch Mitglieder der etablierten Gruppe mit Geringschätzung begegnet und sie *stigmatisiert* wurden, zogen die Aufmerksamkeit der beiden Soziologen auf sich. Elias' und Scotsons Forschungsinteresse richtete sich auf „das Problem, warum unter gewissen Bedingungen ‚Alter' einer Gruppe als prestigeträchtig und ‚Neuheit' als schimpflich angesehen wird" (Elias/Scotson 1990, S. 65).

Elias und Scotson führen das Ungleichgewicht zwischen Etablierten und Außenseitern auf zwei unabhängige, also erklärende Variablen zurück: Erstens spielen *Machtasymmetrien* eine entscheidende Rolle, wobei unter Macht in diesem Zusammenhang weniger ökonomische, sondern vielmehr Entscheidungs- und vor allem Deutungs- bzw. Definitionsmacht verstanden wird. Dies impliziert, dass die etablierte Gruppe darüber entscheidet, wer oder was als „zugehörig" erachtet wird oder wer den Stempel „fremd" oder „andersartig" erhält. Diese Macht stützt sich auf einen inneren Zusammenhalt, der von Elias als zweite unabhängige Variable angenommenen *Kohäsion*. Soziale Kohäsion stellt in diesem Zusammenhang auf ein Gefühl der Zusammengehörigkeit und Solidarität der bereits vor Ort „etablierten" Gruppe ab, was durch die im Vergleich längere Wohndauer begünstigt wird. Hand in Hand mit der vergleichsweise starken Gruppenidentität geht ein Korb gemeinsamer Normen und Verhaltensstandards, denen sich die Etablierten unterwerfen und die abweichendes Verhalten sanktionieren. Als Macht- und damit Kohäsionsverstärker wirkt zudem, dass die alteingesessenen Familien in örtlichen Netzwerken sowohl formell als auch informell zu einem höheren Grad organisiert sind. Überdies sind die Etablierten hier in der Lage, Statuspositionen zu monopolisieren, was sie wiederum über Neuzugänge und die Verteilung von Ressourcen entscheiden lässt. Als Beispiele für lokale Organisationen seien hier stellvertretend die Blaskapelle und der örtliche Altenclub genannt, die Elias und Scotson im Hinblick auf Aufbau und Mitgliederstruktur genauer unter die Lupe nehmen. Die Verknüpfung der Variablen Macht und Kohäsion ist für das Verständnis der Zusammenhänge in Winston Parva insofern grundlegend, als hier die soziologische Bedeutung von Zeit als integrierende, kohäsionsstiftende Kraft ersichtlich wird.

Die beschriebene asymmetrische Konstellation wird durch eine *Statusideologie* untermauert, die Elias als eine strukturelle Regelmäßigkeit von Etablierten-Außenseiter-Beziehungen begreift. Unter Statusideologie verstehen wir ein kollektives Konstrukt, das auf der Generierung eines positiven Selbstbildes durch die etablierte Gruppe basiert und Hand in Hand mit einer negativen Wahrnehmung der „Anderen" geht. Das ohnehin bereits bestehende Machtgefälle wird also durch zwei interdependente und sich wechselseitig verstärkende Zuschreibungsprozesse verstärkt, die den Etablierten als Legitimationsgrundlage für Stigmatisierung und soziale Schließung dienen. Ebenso wie der innere Zusammenhalt wächst die Statusideologie erst im Laufe der Jahre, weil der Aufbau von permanenten Strukturen, mithin die institutionelle Festigung, Zeit erfordert. Die mächtigere Gruppe beansprucht das sogenannte *Gruppencharisma* für sich, welchem die *Gruppenschande* auf Seiten der Außenseiter als komplementäres Phänomen gegenübersteht. Gruppencharisma bezeichnet eine angenommene, exklusive, moralische Höherwertigkeit und beinhaltet die Selbstzuweisung von ausschließlich positiven Eigenschaften, wie beispielsweise Intelligenz und Reinheit. Auf der anderen Seite werden den Außenseitern systematisch negative Charakteristika zugeschrieben – sie tragen die Gruppenschande und werden von den Etablierten als menschlich minderwertig wahrgenommen. Je ausgeprägter die Kohäsions- und damit die Machtdifferenz ausfällt, umso größer wird die Wahrscheinlichkeit sein, dass auf Seiten der Außenseiter die Fremdwahrnehmung durch die Etablierten in die Selbstwahrnehmung einfließt. Das heißt, dass sich die Mitglieder der weniger mächtigen Gruppe letztlich selbst als minderwertig, schmutzig oder subaltern wahrnehmen. Auf diese Weise internalisieren die Mitglieder der schwächeren Gruppe das „Schandmal", das ihnen von den Etablierten zugeschrieben wird. So werden sie unfähig zur Auflehnung und Gegenwehr oder mit anderen Worten: zur Veränderung des Machtdifferentials.

Der Mechanismus der sogenannten *Pars-pro-toto-Verzerrung* erlaubt es den Etablierten zusätzlich, ihre Glaubensaxiome immer wieder vor sich und anderen zu rechtfertigen. So

> „[...] neigt eine Etabliertengruppe dazu, der Außenseitergruppe insgesamt die ‚schlechtesten' Eigenschaften der ‚schlechtesten' ihrer Teilgruppen, ihrer anomischen Minorität, zuzuschreiben. Und umgekehrt wird das Selbstbild der Etabliertengruppe eher durch die Minorität ihrer ‚besten' Mitglieder, durch ihre beispielhafteste oder ‚nomischste' Teilgruppe geprägt." (ebd., S. 13).

Diese Verzerrung begreift Elias als ebenfalls strukturelle Regelmäßigkeit einer Etablierten-Außenseiter-Beziehung: Während sich die soziale Konstruktion des Etabliertenbildes auf ihre „nomischsten", d.h. auf ihre normenkonformsten und konservativsten Mitglieder stützt, beruht die Wahrnehmung der Außenseiter auf der Minorität ihrer „anomischsten", d.h. am wenigsten integrierten und verwahrlosesten Mitglieder, wie beispielsweise Arbeitslosen oder Kriminellen.

Mit Zuzug der Neuankömmlinge in dem kleinen englischen Städtchen fühlen sich die Alteingesessenen in ihren Machtpositionen bedroht. Bereits bedingt durch ihr „Fremdsein" – und damit durch ihre Andersartigkeit – werden die Neulinge als Gefahr empfunden und die alten Bewohner sehen ihre Normen- und Wertordnungen, Statuspositionen und Lebensweisen infrage gestellt. Die Etablierten nehmen also das Auftreten und Ansiedeln von Fremden als einen dreifachen Angriff auf monopolisierte Machtquellen, Gruppencharisma und normengestützte Kohäsion wahr, worauf sie erstens mit der Schließung ihrer Reihen reagieren und zweitens mittels Stigmatisierung zum Gegenangriff übergehen:

> „Obwohl die ‚Dörfler' im Verhältnis zu den Neuankömmlingen, die sich in der ‚Siedlung' nieder ließen, gut etabliert und mächtig waren, empfanden sie diese gewiß als eine Gefahr für ihre hergebrachte Lebensweise ... Auf diese Bedrohung reagierten sie – vor allem das Netzwerk der Familien – mit einer starken Betonung des ‚Dorfgeistes' und einem hohen Maß an Intoleranz gegenüber ihren Nachbarn, die sich nicht anpaßten." (ebd., S. 174).

Mit Max Weber wird hier *soziale Schließung* als ein Prozess begriffen, in dem soziale Gruppen anderen Gruppen den Zugang zu bestimmten Machtquellen und/ oder Ressourcen verschließen und auf diese Weise ihren Vorteil maximieren. Dabei wird das Mittel der Demütigung und *Stigmatisierung* – basierend auf der oben beschriebenen Statusideologie – zur wirksamen Waffe in den Händen der Etablierten. Ausdrücke wie Stigma „[...] symbolisieren die Tatsache, daß Mitglieder einer Außenseitergruppe beschämt werden können, weil sie den Normen der höherstehenden Gruppe nicht gerecht werden, weil sie gemessen an diesen Normen anomisch sind." (ebd., S. 20). Beispielhaft stellt Elias heraus, wie Stigma in der alltäglichen Kommunikation im Allgemeinen und im so genannten *Lob- und Schimpfklatsch* im Besonderen konstruiert wird. Elias beschreibt – neben dem in allen Gruppen üblichen und Nachrichten transportierenden Binnengruppenklatsch – Schimpf- und Lobklatsch als zwei sich diametral entgegengesetzte Klatschformen, die die Statusideologie untermauern und durch die Produktion von Stigma das bereits bestehende Machtdifferenzial verstärken. Während der ausgeprägteste Schimpf- oder Schmähklatsch grundsätzlich auf andere – hier also auf die Mitglieder der Außenseitergruppe – gerichtet ist, beziehen sich die Inhalte von Lobklatsch in der Regel auf die Gruppe, der man sich selbst zugehörig fühlt. Schimpfklatsch hebt inhaltlich auf den vermeintlichen oder tatsächlichen Verstoß gegen Normen oder Werte ab, beweist dadurch die eigene Untadeligkeit und fungiert schließlich als „massives und lustvolles" Mittel der Ablehnung, Stigmatisierung und Exklusion. Im Gegenzug dazu zeichnet sich der Lobklatsch mit seinen „gönnerhaften Untertönen" durch Eigenlob und Hervorhebung der eigenen Normentreue oder bestimmter positiver Eigenschaften aus (vgl. ebd., S. 166–186).

Elias und Scotson betonen, dass es bei den soeben beschriebenen Mechanismen keineswegs um vom Einzelnen gewollte oder gar geplante Handlungen geht:

> „Kein Zweifel, daß alles das unschuldig und in gutem Glauben geschah; es hatte nicht den Charakter einer geplanten Fabrikation und Propaganda. Die ‚Dörfler', als geschlossene Gruppe, vermochten durch Mechanismen einer wechselseitigen Verstärkung erwünschter Ansichten und einer stetigen Konkurrenz um Anerkennung alles, was sie bei sich und ihren Nachbarn nicht sehen wollten, von ihrer Wahrnehmung auszublenden und alles, was sie sehen wollten, scharf zu akzentuieren." (ebd., S. 175).

In ihrer figurationssoziologischen Studie stellen Elias und Scotson heraus, wie gemeinsame Vorurteile zustande kommen und Individuen Sprachrohre von Gruppenmeinungen werden, ohne dass dies auf die Planung oder den Willen eines Einzelnen zurückgeführt werden könnte. Unter Bezugnahme auf den Figurationsbegriff wird so gezeigt, wie die Verflechtung überindividuelle Qualität und damit eine Eigendynamik gewinnt, die von den Individuen weder gewollt noch geplant noch kontrollierbar ist. Im konkreten Fall wird gezeigt, wie dies in eine soziale Falle – eine *Figurationsfalle* – mündet, die den einzelnen Akteur zum Gefangenen einer sozialen Situation macht, die er selbst mit geschaffen hat. Umgekehrt formuliert: Nichtintendiert schaffen sowohl Außenseiter als auch Etablierte eine soziale Situation, deren Gefangene sie später werden. Das Augenmerk der Soziologie liegt also auf überindividuellen, kognitiven Strukturen oder, um es mit Elias auszudrücken, auf den vielfältigen „Figurationszwängen", wie sie in *Etablierte und Außenseiter* beispielhaft analysiert werden.

Fassen wir die wichtigsten Ergebnisse von Elias' und Scotsons gemeindesoziologischer Studie zusammen: *Erstens* ist der paradigmatische Charakter der Analyse festzuhalten, denn so begegnet man hier „in der Nußschale einem Vorgang, der als eine universale Regelmäßigkeit von Etablierten-Außenseiter-Beziehungen erscheint" (ebd., S. 9). Elias erhebt also für seine Untersuchung Anspruch auf Verallgemeinerbarkeit und verweist darauf, dass sich aus der gemeindesoziologischen Studie ein „tentatives Figurationsmodell ausarbeiten ließe, das als Richtschnur für Untersuchungen über ähnliche oder verwandte Probleme dienen und an ihnen überprüft werden könnte" (ebd., S. 66). Ausgehend von dem oben explizierten Figurationskonzept ist somit eine Anwendung des Etablierten-Außenseiter-Modells auf den verschiedensten makrosoziologischen Ebenen denkbar (vgl. ebd., S. 8). *Zweitens* gelingt es Elias jenseits von Überlegungen zur Verteilung von ökonomischem, kulturellem oder sozialem Kapital (Bourdieu; siehe dazu das nächste Kapitel) „von den Beziehungen her", also gleichsam aus der Dynamik der sozialen Figuration, Statusunterschiede zu erklären und somit einen gewichtigen Beitrag zur Erklärung sozialer Ungleichheit zu liefern. Machtunterschiede werden jenseits von gängigen Erklärungsmodellen (Bildungsniveau, Nationalität, ethnische Herkunft, Religion) als Kohäsions- und Integrationsdifferenziale begriffen, die letztlich aus der Wohndauer einer Gruppe am Platz resultieren. *Drittens* lässt sich Elias' Studie insofern als ein Beitrag zur Theorie sozialer Schließung betrachten, als konzise gezeigt wird, wie durch überindividuelle Figurationszwänge die Mechanismen der Stigmatisierung und Exklusion in Gang gesetzt werden, was zur Ausgrenzung der „Anderen" und zur Stärkung der gruppeninternen Kohäsion führt.

Es war oben bereits von Elias' Anspruch die Rede, das soziologische Augenmerk auf langfristige soziale Prozesse zu legen und dabei Figurationszwänge und Interdependenzstrukturen zu erforschen. Sein zweibändiges Hauptwerk *Über den Prozess der Zivilisation* steht paradigmatisch für diese zentralen Forderungen der Prozess- und Figurationstheorie. Bevor wir uns dem *Prozess der Zivilisation* zuwenden, gilt es zunächst, den Begriff „sozialer Prozess" näher zu beleuchten. Unter einem sozialen Prozess verstehen wir zunächst ganz allgemein jegliche, mit Wandel verbundene Vorgänge zwischen handelnden Subjekten, die der Beobachtung Dritter zugänglich sind. Als einschlägige Beispiele seien Revolutionen, Identitätsbildungs- oder Staatswerdungsprozesse genannt. Elias' Verständnis von sozialen Prozessen bezieht sich auf „gewöhnlich nicht weniger als drei Generationen umfassende Wandlungen der von Menschen gebildeten Figurationen oder ihrer Aspekte in einer von zwei entgegen gesetzten Richtungen" (Elias 2003b, S. 243). Hier wird also ein sozialer Prozess als langfristige, gerichtete, bipolare Entwicklung begriffen, was aber nicht heißt, dass diese nicht umkehrbar wäre – Schübe in die eine oder andere Richtung sind durchaus möglich. Wie wir oben gesehen haben, sind Wandlungen von Figurationen weder vom Einzelnen geplant oder gar intendiert, noch sind sie einseitig kausal determiniert (vgl. Elias 1987). Dies gilt analog für soziale Prozesse. Der Begriff des sozialen Prozesses ist also nicht mit jenem des zweckgerichteten Fortschritts zu verwechseln. Es gehört eben zu den Eigentümlichkeiten sozialer Prozesse, dass diese „wohl Richtungen haben, aber, wie die Natur, weder Zweck noch Ziel" (ebd., S. 249).

Elias wirft in seiner Studie *Über den Prozess der Zivilisation* empirisch-theoretische Fragestellungen auf, die auf langfristige gesellschaftliche Wandlungsprozesse abzielen. Der Untertitel *Soziogenetische und psychogenetische Untersuchungen* verweist auf die beiden Bände, in die sich das Werk gliedert. Der erste Band beantwortet die Frage, ob und wie sich Elias' Hypothese, dass es langfristige, teils über mehrere Jahrhunderte sich entfaltende Wandlungen der Affektstrukturen der Menschen in abendländischen Gesellschaften gibt, auf Basis von empirischem Material belegen lässt. Dieser erste Teil behandelt also die Psychogenese, d.h. die über viele Generationen andauernde Wandlung menschlicher Persönlichkeitsstrukturen, die Elias als „Zivilisierung" bezeichnet. Der Band mit dem Titel *Wandlungen des Verhaltens in den weltlichen Oberschichten des Abendlandes* beeindruckt durch die Reichhaltigkeit an anschaulichem empirischem Material aus den verschiedensten Ländern und Epochen. Demgegenüber konzentriert sich der zweite Teil von Elias' Hauptwerk auf *Wandlungen der Gesellschaft* und versucht einen *Entwurf zu einer Theorie der Zivilisation*. Hier wird gefragt, wie es möglich ist, die im ersten Band aufgezeigten langfristigen Wandlungen der Individualstrukturen mit langfristigen gesamtgesellschaftlichen Strukturwandlungen, die sich offensichtlich auch in eine bestimmte Richtung entwickeln, in Zusammenhang zu bringen. Elias hat hier den Staatsbildungsprozess als wichtigsten gesellschaftlichen Strukturwandlungsprozess im Auge; hierbei geht es also um den langfristigen Wandel der Figurationen, die die Menschen miteinander bilden. Am Ende des zweiten Bandes bewerkstelligt Elias die Verknüpfung seiner Forschungsergebnisse in einem Modell. Elias entwirft eine Theorie, die den Zusammenhang zwischen der langfristigen Entwicklung menschlicher Persönlichkeitsstrukturen und dem Wandel der überindividuellen, also gesellschaftlichen Verflechtungen erklärt und die kausale Interdependenz von Psychogenese und Soziogenese aufzeigt.

Wenden wir uns nun Elias' Verständnis und Verwendung des Begriffs *Zivilisation* zu: Das Adjektiv „zivilisiert" wird im Sprachgebrauch der dreißiger Jahre – ebenso wie heute – in Abgrenzung zu „barbarisch", „unzivilisiert" oder „primitiv" verwendet. In der Alltagssprache impliziert dieser Begriff klare Werturteile:

> „[D]ieser Begriff bringt das Selbstbewußtsein des Abendlandes zum Ausdruck. Man könnte auch sagen: das Nationalbewußtsein. Er faßt alles zusammen, was die abendländische Gesellschaft der letzten zwei oder drei Jahrhunderte vor früheren oder vor ‚primitiveren' zeitgenössischen Gesellschaften voraus zu haben glaubt. Durch ihn sucht die abendländische Gesellschaft zu charakterisieren, was ihre Eigenart ausmacht, und worauf sie stolz sind: den Stand ihrer Technik, die Art ihrer Manieren ... und vieles andere mehr." (Elias 1997a, S. 89f.).

Mit anderen Worten: „Zivilisation" bezeichnet das Ergebnis eines Prozesses – der „Zivilisierung" –, welcher in der Alltagssprache des Abendlandes zugleich eine Statusideologie reflektiert, die der eigenen Gesellschaft in Abgrenzung gegenüber anderen Überlegenheit und Fortschrittlichkeit zuschreibt. Im Rahmen seiner psychogenetischen Untersuchungen untersucht Elias die Frage nach der Entstehung der Zivilisation, wobei er sich freilich unmissverständlich von Wertaussagen distanziert. Den Prozess der Zivilisation begreift er im Wesentlichen als den Prozess der Festigung und Differenzierung von Affektkontrollen, der weder einen zeitlichen Nullpunkt noch ein benennbares Ende kennt: „La civilisation … n'est pas encore terminée" ließ Elias auf die Deckblätter beider Bände seines Werkes drucken und verlieh damit seiner zentralen Überzeugung Ausdruck, dass die Menschheit immer im Werden, stets im zeitlichen Fluss zu sehen ist – und dass das erreichte hohe Niveau der Zivilität stets gefährdet ist, wie namentlich die Geschichte des Nationalsozialismus und der Holocaust zeigen, zu deren Überlebenden Elias gehörte, während seine Eltern in Auschwitz umkamen (vgl. Elias 1990).

Auf welches empirische Material stützt Elias seine Argumentation? Es sind vor allem Anstands- und Benimmbücher, Gedichte und Abbildungen, die Elias im Zeitraum vom frühen Mittelalter bis hin zum Absolutismus als historische Quellen interpretiert und akribisch auswertet. Dem Leser erschließt sich dabei, dass gerade Ratgeber für anständiges Benehmen und wünschenswerte Manieren gleichermaßen Zeugnis sowohl über das tatsächliche Verhalten als auch über zeitgenössische Ideale ablegen. Anschaulich beschreibt Elias beispielsweise die Entwicklung des Gebrauchs der Gabel beim Essen; er bespricht das Schnäuzen, das Spucken, das Verhalten im Schlafraum und vieles mehr. Anhand des ebenso vielfältigen wie reichhaltigen Belegmaterials gelingt es Elias nachzuweisen, wie sich im untersuchten Zeitraum das menschliche Sozialverhalten verändert. Die Ratgeber zum Thema Etikette und Benimm reflektieren, wie spontanes Verhalten im Laufe der Jahrhunderte zunehmend durch stärker sozial reglementiertes Verhalten ersetzt wird. Dies gilt für die Sitten beim Essen ebenso wie für das Benehmen von Männern gegenüber Frauen. Zudem demonstriert Elias, wie körperliche Verrichtungen und Sexualität zunehmend – als entscheidende Epoche nennt er die Renaissance – mit Scham und Peinlichkeit belegt werden. Um das an einem Beispiel zu veranschaulichen:

> „Sowohl die lateinischen, wie die englischen, französischen oder deutschen Tischzuchten bezeugen, daß es im Mittelalter nicht nur Brauch, sondern offenbar ein allgemeines Bedürfnis ist, häufig zu spucken [...]. Die wesentliche Beschränkung, die man sich auferlegt, ist die, nicht auf und nicht über den Tisch zu spucken, sondern unter den Tisch. Im 16. Jahrhundert wird der Druck der Gesellschaft stärker: Es wird Gebot, das Sputum auszutreten [...]. 1774 ist dann der ganze Gebrauch und selbst das Sprechen darüber schon ganz erheblich peinlicher geworden. 1859 ‚ist das Spucken zu allen Zeiten eine widerliche Gewohnheit' [...]. Cabanès, 1910, erinnert daran, daß er [der Spucknapf, M.B.] sich langsam [...] aus einem Repräsentationsgerät in ein intimes Gerät verwandelt hat. Und allmählich wird auch dieses Gerät entbehrlich. In weiten Teilen der abendländischen Gesellschaften scheint selbst das Bedürfnis, von Zeit zu Zeit zu spucken, völlig verschwunden zu sein." (ebd., S. 306f.).

Das zitierte Beispiel zeigt deutlich, wie sich gesellschaftlich auferlegte Fremdzwänge über die Generationen in Selbstzwänge wandeln, die soweit internalisiert werden, dass sie auch ohne äußere gesellschaftliche Sanktionen verhaltensregulierend wirken.

Der Prozess der Zivilisation wird also begriffen als die Veränderung des menschlichen Verhaltens in Richtung einer allseitigen, gleichmäßigeren und stabileren Affektregulierung und -kontrolle in allen Lebensbereichen. Im zweiten Band seines Werks sucht Elias nach Erklärungen für diese Wandlungsprozesse und setzt sie in Beziehung zur Entwicklung von gesellschaftlicher Ordnung: Warum werden im Rahmen der Psychogenese bestimmte soziale Verhaltensstandards erlernt? Welche gesellschaftlichen Veränderungen modellieren Psyche und Persönlichkeitsstruktur der Menschen gerade im Sinne der oben skizzierten *Zivilisation*? Gibt es für die Psychogenese eine Entsprechung auf sozialstruktureller Ebene? Falls ja, in welchem Bezug stehen diese Wandlungen zueinander? Elias' Gedanken- und Argumentationsgang kann hier natürlich nur verkürzt dargestellt werden.

Wenden wir uns zunächst den langfristigen Entwicklungen gesellschaftlicher Strukturen zu, die Elias als Soziogenese begreift. Auch hier setzt die Analyse in der Feudalgesellschaft des frühen Mittelalters an. Bedingt durch das Fehlen von stabilen Herrschaftsapparaten sorgen „dezentralisierende Kräfte" dafür, dass die frühmittelalterlichen Großreiche langfristig instabil bleiben. Die Gesellschaft ist zudem durch einen geringen Grad an Arbeitsteilung, ständige Kämpfe um die wichtigste Ressource Boden, Naturalwirtschaft und geringe Bevölkerungsdichte charakterisiert. Die Bevölkerungszunahme im 11. Jahrhundert führt zum Entstehen neuer Wirtschaftszweige (Handwerk, Handel) und damit zur beginnenden Arbeitsteilung, zur Etablierung der Geldwirtschaft und weiterer Ausdifferenzierung der Sozialstruktur. Mit anderen Worten: das Niveau der gesellschaftlichen Interdependenz steigt sowohl horizontal (Arbeitsteilung) als auch vertikal (Sozialstruktur) an. Damit sind nicht nur vermehrte Wechselwirkungen zwischen den einzelnen Individuen und gesellschaftlichen Teilfunktionen gemeint, sondern auch das Angewiesensein der Menschen aufeinander und ihre Abhängigkeit voneinander (vgl. Elias 1997b, *Erster Teil: Mechanismen der Feudalisierung*, S. 23–131).

Wie kommt es nun im Laufe der Jahrhunderte zur Staatsbildung? Die benachbarten Territorialstaaten stehen in Konkurrenz und andauerndem Kampf um die wichtigste Ressource Boden. Elias führt aus, wie diese permanente Konkurrenzsituation – durchaus vergleichbar mit dem heutigen Marktmechanismus – zwangsläufig die Tendenz zur Monopolbildung birgt. Er formuliert diesen Mechanismus als Gesetzmäßigkeit:

> „Ein Menschengeflecht, in dem kraft der Größe ihrer Machtmittel relativ viele Einheiten miteinander konkurrieren, neigt dazu, diese Gleichgewichtslage [...] zu verlassen [...]; sie nähert sich mit anderen Worten einer Lage, bei der eine gesellschaftliche Einheit durch Akkumulation ein Monopol über die umstrittenen Machtchancen erlangt." (ebd., S. 144).

Über die Jahrhunderte wechseln sich so in einer Phase der „freien Konkurrenz" die privaten oder lokalen Boden- und damit Machtmonopole ab, bis sie im Absolutismus vergesellschaftet werden und sich zeitgleich bei Hofe der sogenannte „Königsmechanismus" herausbildet. Hier ist der König selbst Monopolist aller militärischen (Heer und Polizei) und finanziellen Machtmittel; in ihm vereinigen sich Boden-, Gewalt- und Steuermonopol. Am absolutistischen Königshof stellt Ludwig XIV., damals Inbegriff, Gipfel und Modell der höfischen Gesellschaft, damit den zentralen Bezugspunkt gleichermaßen für Adelige und Bürgerliche dar. Er verteilt die Zugangschancen, Ressourcen und Einflussmöglichkeiten so, dass das Kräftegleichgewicht bei Hofe zu allen Zeiten gewahrt ist. Mit der Analyse dieses Mechanismus, durch welchen der König all seine Untertanen von seiner Person abhängig macht, endet Elias' Analyse der Soziogenese oder Staatsbildung. Es wurde gezeigt, wie Konkurrenzsituationen die einzelnen Herren in der Feudalgesellschaft zu Kämpfen zwingen, wie sich der Kreis der Konkurrierenden verengt, bis sich lokale Monopole etablieren, und schließlich, wie es über die Jahrhunderte zur Bildung eines absolutistischen Staates, mit dem für ihn typischen „Königsmechanismus" bei Hofe kommt (vgl. ebd., *Zweiter Teil: Zur Soziogenese des Staates*, S. 132–319).

Elias' herausragende Syntheseleistung besteht darin, Psychogenese und Soziogenese in ein Modell zu integrieren, in dem sich beide Prozesse wechselseitig bedingen und erklären. In diesem *Entwurf zu einer Theorie der Zivilisation* schreibt Elias:

> „Von den frühesten Zeiten der abendländischen Geschichte bis zur Gegenwart differenzieren sich die gesellschaftlichen Funktionen unter einem starken Konkurrenzdruck mehr und mehr. Je mehr sie sich differenzieren, desto größer wird die Zahl der Funktionen und damit der Menschen, von denen der Einzelne bei allen seinen Verrichtungen [...] beständig abhängt. Das Verhalten von immer mehr Menschen muß aufeinander abgestimmt, das Gewebe der Aktionen immer genauer und straffer durchorganisiert sein, damit die einzelne Handlung darin ihre gesellschaftliche Funktion erfüllt. Der Einzelne wird gezwungen, sein Verhalten immer differenzierter, immer gleichmäßiger und stabiler zu regulieren." (Elias 1997b, S. 327).

Das heißt mit anderen Worten: Bedingt durch die Zunahme der Interdependenzen wird eine verstärkte Regulierung und Kontrolle der Affekte nicht nur erforderlich, sondern unentbehrlich, da nur sie ein reibungsloses Zusammenleben gewährleistet. Die Differenzierung und Verlängerung der Interdependenzketten auf Figurationsniveau findet also ihr komplementäres Phänomen in der Festigung von Affektkontrollen auf individualstruktureller Ebene. Im Laufe dieses Zivilisationsprozesses werden Fremdzwänge in Selbstzwänge umgewandelt, die auch ohne Sanktionsdrohung handlungsrelevant sind. Die folgende Übersicht soll das bisher Gesagte verdeutlichen:

Psychogenese Individualstruktur	**Soziogenese** Sozialstruktur
→ Persönlichkeitswandel:	→ Figurationswandel:
Festigung von Affektkontrollen; Vorrücken von Peinlichkeitsschwellen	Ausdifferenzierung und Verlängerung der Interdependenzketten
→ **Zivilisationsprozess**	→ **Staatsbildungsprozess**

Bleibt noch, die Bedeutung des „Königsmechanismus" zu klären. In der höfischen Gesellschaft, für welche das Versailles Ludwigs XIV. stellvertretend steht, erreicht die Affektkontrolle mit ihrem ebenso strengen und wie ausdifferenzierten Verhaltens- und Manierenkodex einen vorläufigen Höhepunkt. Baumgart und Eichener umschreiben dies wie folgt:

> „Das *courtoise* Benehmen und Parlieren ist keineswegs entbehrliches Ornament, sondern erfolgsnotwendig in einer Gesellschaft, in der die entscheidenden Chancen durch Schenkung und Beleihung, durch Koalition und Intrige, durch Schmeicheln und Bestechung verteilt werden." (Baumgart/Eichener 1997, S. 75).

Das hohe Niveau und die Natur des Interdependenzgeflechts bei Hofe machen also eine dementsprechend hohe Affektkontrolle zwingend erforderlich.

Im Entwurf zu seiner Theorie der Zivilisation charakterisiert Elias den sozialen Veränderungsprozess als „nicht rational". Das heißt, es kann nicht angenommen werden, dass die Veränderungen durch zielbewusste, also planvolle Erziehung von Menschen zustande gekommen sind. Vielmehr ist die Wandlung „als Ganzes ungeplant; aber sie vollzieht sich dennoch nicht ohne eine eigentümliche Ordnung" (Elias 1997b, S. 324). Damit ist gemeint, dass der Wandel nicht von einzelnen Menschen intendiert, also beabsichtigt ist. Daraus darf aber nicht der Fehlschluss gezogen werden, es handele sich um einen gänzlich strukturlosen, gar chaotischen Wandel. Es ist eben gerade Elias' Anliegen, zu erklären, wie sich aus der Interdependenz der Menschen eine Ordnung von ganz spezifischer Art ergibt, „[...] eine Ordnung, die zwingender und stärker ist als Wille und Vernunft der einzelnen Menschen, die sie bilden." (ebd., S. 325).

Elias' Werk umfasst weitaus mehr als die beiden hier vorgestellten Studien. *Etablierte und Außenseiter* wurde vor allem deshalb behandelt, weil die Analyse paradigmatisch für die von Elias' vertretene figurations- und prozesssoziologische Herangehensweise steht. Mit *Über den Prozess der Zivilisation* wurde Elias' Hauptwerk besprochen.

Diskussionsfragen:

- Was versteht Elias unter einer Figuration?
- Worin drückt sich nach Elias der Prozess der Zivilisation aus?
- Welcher innerer Zusammenhang besteht zwischen der Psychogenese der Zivilisation und der Soziogenese des Staates in der europäischen Geschichte?

Kapitel 13: Pierre Bourdieu: „Geschmack" und „Habitus"[6]

> **Zusammenfassung:**
> Dieses Kapitel handelt von der Entwicklung des Geschmacks und vom Habitus. Dafür untersuchte Bourdieu den Raum der sozialen Positionen. Durch seine Theorie deckte er die Ungleichheit von Chancen im französischen Bildungssystem auf. Seine Ergebnisse zeigen, dass sowohl schulischer als auch universitärer Erfolg zu einem guten Teil von der Kapitalausstattung und der Habitusposition des Individuums abhängen.

Pierre Bourdieu (1930–2002) galt bereits zu Lebzeiten als einer der bedeutendsten Kultursoziologen im Frankreich des 20. Jahrhunderts. Er trat in früheren Lebensjahren als Ethnologe, später als Soziologe, öffentlich engagierter Intellektueller und nicht zuletzt als politischer Aktivist in Erscheinung.

In seiner wohl bekanntesten Studie zur französischen Sozialstruktur *Die feinen Unterschiede. Kritik der gesellschaftlichen Urteilskraft* (1987) beschäftigt sich Bourdieu mit der Reproduktion von sozialer Ungleichheit. Anhand einer beeindruckenden Fülle empirischen Materials belegt er, wie sich die Klassenstrukturen in der französischen Gesellschaft über Mechanismen der sozialen Abgrenzung (*Distinktion*) reproduzieren. In *Die feinen Unterschiede* werden die Grundbegriffe seines Theoriegebäudes – *Kapital, Habitus, sozialer Raum, Klasse, Lebensstil* – entwickelt und zueinander in Beziehung gesetzt. Der Kapitalbegriff wurde an prominentester Stelle von Karl Marx geprägt, der unter Kapital aber im Wesentlichen nur das Eigentum an Produktionsmitteln verstand. Bourdieu weitet diesen rein ökonomischen Kapitalbegriff aus und überträgt ihn auf alle gesellschaftlichen Bereiche. Durch die Annahme mehrerer Erscheinungsformen von Kapital will er der Tatsache Rechnung tragen, dass Kapital „akkumulierte Arbeit [ist], entweder in Form von Materie oder in verinnerlichter, ‚inkorporierter' Form" (Bourdieu 1983, S. 183). Bourdieu unterscheidet kulturelles, soziales und ökonomisches Kapital, wobei für alle drei Kapitalarten gleichermaßen gilt: „Das Kapital ist eine der Objektivität der Dinge innewohnende Kraft, die dafür sorgt, dass nicht alles gleich möglich oder gleich unmöglich ist." (ebd.).

Das ökonomische Kapital umfasst hierbei Geld in jeglicher Form und alles materielle Eigentum, welches direkt und unmittelbar in Geld konvertierbar ist. Etwas komplexer stellt sich der Begriff des kulturellen Kapitals dar, das nach Bourdieu in drei Formen existiert. Erstens ist das inkorporierte Kulturkapital stets körpergebunden und setzt einen Lern- und Verinnerlichungsprozess voraus, der Zeit kostet und in den vom Kapitaleigner persönlich investiert werden muss. Delegation oder Schenkung ist daher prinzipiell nicht möglich. Die Inkorporierung dieses Kapitals – man denke z.B. an den Fremdspracherwerb oder die Ausbildung von musischen Fähigkeiten – geschieht in der Regel abhängig von Schicht bzw. Klasse, also von der Position im sozialen Raum. Dies erklärt die Tendenz inkorporierten kulturellen Kapitals, sich – über den *Habitus* – selbst zu reproduzieren.

---

[6] Unter Mitarbeit von Ellen Madeker.

Als zweite Erscheinungsform des kulturellen Kapitals begreift Bourdieu das objektivierte *Kulturkapital*. Bedingt durch seinen materiellen Charakter ist es im juristischen Sinne von Eigentum auf andere übertragbar. Als Beispiele seien Autos, Schmuck, Gemälde oder Pferde genannt. Allerdings verweist Bourdieu darauf, dass das inkorporierte Kulturkapital, das den Genuss des objektivierten Kapitals erst ermöglicht – hier: der Führerschein, der Kennerblick für Schmuck und Kunst, das Beherrschen der Reitkunst – in der Regel nicht übertragbar ist. Diese Überlegung zeigt, wie die verschiedenen Kapitalbegriffe ineinandergreifen und sich gegenseitig bedingen. Wenn inkorporiertes kulturelles Kapital in Form von Titeln objektiviert wird, spricht Bourdieu, drittens, von institutionalisiertem kulturellem Kapital: „Titel schaffen einen Unterschied zwischen dem kulturellen Kapital des Autodidakten, das ständig unter Beweiszwang steht, und dem kulturellen Kapital, das durch Titel schulisch sanktioniert wird und rechtlich garantiert ist [...]." (ebd., S. 189f.). Mit Titel sind etwa Hochschulabschlüsse, Doktor- und Professorentitel gemeint, die Kompetenz „verbriefen" und den Träger im Gegensatz zum Autodidakten von dem Zwang entlasten, permanent die eigene Kompetenz nach außen unter Beweis stellen zu müssen. Damit ist die Geltung des institutionalisierten Kapitals relativ unabhängig vom inkorporierten kulturellen Kapital, das der Träger zu einem gegebenen Zeitpunkt besitzt. Zudem stellt Bourdieu heraus, dass sowohl Schul- als auch Adelstitel durch ihre Funktion als Statuszuweiser – positiv als Auszeichnung, negativ als Stigmatisierung – klassifizierend wirken:

> „Im krassen Unterschied zu den Inhabern eines kulturellen Kapitals ohne schulische Beglaubigung, denen man immer abverlangen kann, den Beweis für ihre Fähigkeiten anzutreten, da sie nur sind, was sie tun, [...] brauchen die Inhaber von Bildungspatenten – ähnlich Trägern von Adelstiteln, deren Sein, bestimmt durch Treue zu Blut, Boden, Vaterland und Rasse, zu Vergangenheit und Tradition, auf kein Tun, kein Können und keine Funktion zurückzuführen ist – nur zu sein, was sie sind ... Definiert anhand der Titel [...], sind sie [...] durch eine unüberbrückbare Wesensdifferenz von den schlichten, über kein ‚Adelsprädikat' verfügenden ‚Bildungsplebejern' geschieden, die zum doppelt entwerteten Status von Autodidakten und bloßen ‚Erfüllungsgehilfen' ohne weitergehende Ansprüche verurteilt sind." (Bourdieu 1987, S. 49).

Neben dem ökonomischen und kulturellen Kapital unterscheidet Bourdieu eine dritte Kapitalform: das *soziale Kapital*. Damit ist der Zugang zu einem dauerhaften Netz von mehr oder weniger institutionalisierten und "wertvollen" Beziehungen gemeint. Diese Beziehungen gegenseitigen Kennens oder Anerkennens werden also als eigenständige Kapitalform begriffen, wobei es zu beachten gilt, dass diese das Produkt von Investitionsstrategien ist, „[...] die bewusst oder unbewusst auf die Schaffung und Erhaltung von Sozialbeziehungen gerichtet sind, die früher oder später einen unmittelbaren Nutzen versprechen." (Bourdieu 1983, S. 192). Für diese Beziehungsarbeit können beispielsweise Golfpartien, Partys, Bälle oder kulturelle Events den geeigneten sozialen Rahmen darstellen.

Auf allen drei beschriebenen Kapitalsorten gründet nun, viertens, das *symbolische Kapital*. Dieses könnte umschrieben werden mit den Begriffen Status, Ruf, Reputation oder Prestige und bezieht sich, anders als die ersten drei Kapitalarten, auf die Ebene der Wahrnehmung oder Repräsentation. Während also ökonomisches, kulturelles oder soziales Kapital auf der „Logik der Knappheit" basiert, folgt das symbolische Kapital der „Logik der Zuschreibung". Damit fungiert symbolisches Kapital als ein Mittel der Unterscheidung oder Distinktion,

Grundlegend für Bourdieus Kapitalbegriff sind nun neben der oben ausgeführten Differenzierung der Erscheinungsformen die sogenannten Kapitalumwandlungen oder *Transformationen*. Bourdieu geht davon aus, dass die verschiedenen Kapitalsorten gegenseitig konvertierbar sind. Das heißt, dass kulturelles oder soziales Kapital mithilfe ökonomischen Kapitals erworben werden kann – dies gilt aber auch umgekehrt. Kulturelles und soziales Kapital lassen sich unmittelbar oder mittelbar in Geld konvertieren, weshalb Bourdieu dem ökonomischen Kapital einen zentralen Stellenwert einräumt. Dabei gilt, dass Gewinne auf der einen Kapitalseite notwendigerweise mit Kosten auf der anderen Kapitalseite bezahlt werden müssen. Auch hierbei wird der zentralen Annahme Rechnung getragen, dass Kapital nichts anderes als akkumulierte Arbeit darstellt:

> „Das durch alle Kapitalumwandlungen hindurch wirkende Prinzip der Erhaltung sozialer Energie läßt sich verifizieren, wenn man für jeden gegebenen Fall sowohl die in Form von Kapital akkumulierte Arbeit als auch die Arbeit in Rechnung stellt, die für die Umwandlung von einer Kapitalart in eine andere notwendig ist." (Bourdieu 1983, S. 196).

Es gilt nun, diese Überlegungen zum Kapitalbegriff im Hinterkopf zu behalten, wenn wir uns im folgenden Abschnitt dem Konzept des *Raums sozialer Positionen* nähern. Die Konstruktion dieses Raumes erfolgt zunächst anhand eines Modells, genauer gesagt: anhand einer Korrelationsmatrix, die ähnlich einem mathematischen Koordinatensystem aufgebaut ist. Auf einer vertikalen und einer horizontalen Achse werden die Variablen „Kapitalvolumen" und „Kapitalstruktur" abgetragen. Anhand dieser Kriterien bestimmt Bourdieu die objektive Position eines Akteurs in einer ersten Dimension des sozialen Raums, die er *Raum der sozialen Positionen* nennt. Kapitalvolumen (wieviel?) und Kapitalstruktur (wie zusammengesetzt?) werden in der beschriebenen Matrix zueinander in Beziehung gesetzt. Zudem werden Daten zur sozialen Laufbahn, also zum Beruf, in das Modell eingefügt. Das Clustern von Punkten oder Positionen, die in relativer Nähe zueinanderstehen, bildet schließlich – neben der Betrachtung der Lebensstile – die erste Grundlage für die Bestimmung von Klassen im sozialen Raum. Der „Raum der sozialen Positionen" als erste Subdimension des Sozialraums kann folgendermaßen graphisch veranschaulicht werden:

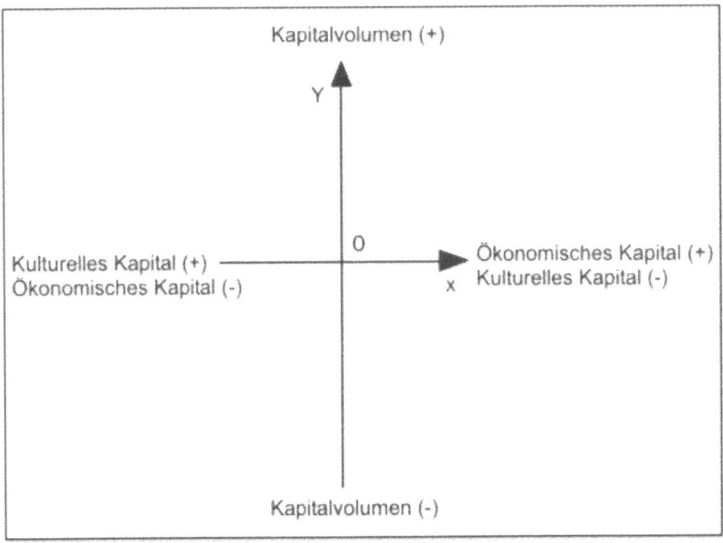

Die verschiedenen sozialen Positionen fasst Bourdieu anhand der drei Variablen Kapitalstruktur, Kapitalvolumen und Laufbahn zu drei Klassen zusammen, wobei die Übergänge natürlich fließend sind und Überlappungen wohl den Regelfall darstellen. Beginnen wir, erstens, mit der *herrschenden Klasse*, die sich aus zwei Teilen zusammensetzt. Hier werden einerseits die herrschenden Herrschenden, für die idealtypisch die Unternehmer stehen (in der Graphik rechts oben), und andererseits die beherrschten Herrschenden differenziert, wobei letztere zwar über ein hohes Maß an kulturellem Kapital verfügen, aber relativ gesehen arm an ökonomischem Kapital sind. Idealtypisch für diese Fraktion steht die Gruppe der Intellektuellen (in der Graphik links oben). Als zweite Klasse ist die Mittelklasse zu nennen, die sich durch besonders ausgeprägte vertikale Mobilität, d.h. durch Auf- und Abstiegsprozesse auszeichnet. Die dritte Klasse begreift Bourdieu als die Klasse der gänzlich Beherrschten, die er auch als Volksklasse bezeichnet.

Mit der Positionierung der Akteure im Raum der sozialen Positionen wurde eine objektive und daher notwendige, aber nach Bourdieu noch nicht hinreichende Bedingung für die Zuordnung von Akteuren zu einer sozialen Klasse erfüllt. Im Sozialraum wird daher eine zweite Dimension unterschieden, ein zweiter Subraum, den Bourdieu als *Raum der Lebensstile* bezeichnet. Durch die Integrierung des Begriffs des Lebensstils in das Sozialraum-Modell trägt Bourdieu seiner zentralen Annahme Rechnung, dass eine rein objektivistische Erkenntnisperspektive die Realität ebenso unzulänglich abbildet wie eine rein subjektivistische Betrachtungsweise. Der Begriff des Lebensstils stellt also auf subjektive Wahrnehmungen der Akteure und hier insbesondere auf Geschmackspräferenzen und ästhetische Werturteile, also auf „Formen und Produkte" ab. Der Raum der Lebensstile bildet damit – homolog zum Raum der sozialen Positionen – die „repräsentierte soziale Welt" ab (vgl. Bourdieu 1987, S. 278). Im sozialen Raum werden also zusätzlich zur objektiv bestimmbaren Kapitalsituation Praktiken und Objekte der symbolischen Lebensführung berücksichtigt. Konkret meint dies Geschmacksfragen im Hinblick auf Literatur, Musik, Sportpraktiken, Ess- und Trinkgewohnheiten, Autos, Kleidung, Urlaubsziele, Mode und vieles mehr.

In der Absicht, in seinem Hauptwerk *Die feinen Unterschiede* eine „Ethnologie Frankreichs" zu verfassen, hat Bourdieu den Raum der Lebensstile durch Auswertung einer Fülle von empirischem Material statistisch aufbereitet. Stellt man nun den Raum der Lebensstile analog zum Raum der sozialen Positionen (vgl. obige Graphik) in einer Matrix dar und legt diese beiden Koordinatensysteme gedanklich übereinander, so lässt sich jeder im Raum der sozialen Positionen anhand von Kapitalvolumen und -struktur bestimmten Klasse ein typischer Lebensstil zuordnen. Auf sehr abstraktem Niveau kommt Bourdieu also zu dem Schluss:

> „Dementsprechend lassen sich im Universum der individuellen Geschmacksrichtungen, das durch aufeinanderfolgende Unterteilungen generativ zu reproduzieren ist, unter Beschränkung auf die zentralen Gegensatzpaare drei Geschmacksdimensionen unterscheiden, denen wiederum im großen und ganzen drei Bildungsniveaus sowie drei gesellschaftliche Klassen korrespondieren." (ebd., S. 36).

Die Wechselbeziehungen zwischen dem Raum der (objektiven) sozialen Positionen und dem Raum der (subjektiven) Lebensstile können wie in folgender Übersicht veranschaulicht werden. Auf die vermittelnde Instanz zwischen beiden Räumen – den Habitus – wird im Anschluss an diese Ausführungen detailliert einzugehen sein.

Raum der sozialen Positionen (objektive Faktoren)		Raum der Lebensstile (subjektive Faktoren)
Herrschende Klasse (Unternehmer vs. Intellektuelle)	✍ HABITUS ✍	Legitimer Geschmack
Mittelklasse		Mittlerer Geschmack
Volksklasse		Populärer Geschmack

Die herrschende Klasse zeichnet sich durch den *legitimen Geschmack* oder Luxusgeschmack aus, der „der Form und den Formen eine Verleugnung der Funktion abverlangt" (ebd., S. 26). Als legitim wird dieser Geschmack deshalb bezeichnet, weil die betreffenden Praktiken und Objekte von jenen Instanzen, die in der Gesellschaft über Deutungsmacht verfügen (einzelne Akteure aus der *high society*, aber auch Universitäten, elitäre Zirkel), als legitime Mittel der Distinktion definiert und anerkannt werden. Unter Distinktion verstehen wir allgemein die soziale Abhebung oder Abgrenzung als Ausdruck der Privilegierung einzelner Akteure oder Kollektive. Bei Bourdieu liegt das Augenmerk auf *Distinktionsstrategien* als Mechanismen der Reproduktion sozialer Ungleichheit. Der mittlere Geschmack der mittleren Klasse orientiert sich am Geschmack der oberen Klassen. Konsumiert werden Güter, die dem legitimen Geschmack zugerechnet werden, aber gleichzeitig leicht zugänglich und finanziell erschwinglich sind. Dadurch werden die betreffenden Objekte und Praktiken der oberen Klassen allmählich entwertet, was zur neuerlichen Definition von legitimem Konsum führt und nicht zuletzt den Wandel von Trends und Moden erklärt. Der populäre Geschmack ist, drittens, der Volksklasse zuzuordnen. Das begrenzte Kapitalvolumen bedingt die Tendenz, das Primat der Funktion über jenes der Form zu stellen und die „Entscheidung für das Notwendige" zu treffen. Damit ist der Geschmack der unteren Klassen wie kein anderer von Materialismus und Pragmatismus geprägt.

In *Die feinen Unterschiede* setzt Bourdieu beispielsweise Bildungsabschlüsse und Musikvorlieben in Form einer Tabelle zueinander in Beziehung (ebd., S. 37). Als konkretes Beispiel für den Luxusgeschmack der herrschenden Klassen ist hieraus „Das wohltemperierte Klavier" abzulesen. Demgegenüber bevorzugen die mittleren Klassen tendenziell „Rhapsody in Blue" und der Geschmack der unteren Klassen wird repräsentiert durch „eine Auswahl von Werken der sogenannten ‚leichten' oder aber durch Verbreitung entwerteten ‚ernsten' Musik wie ‚Schöne blaue Donau', […] nicht zuletzt aber durch Schlager fern jeden künstlerischen Anspruchs wie jene von Moriano, Guétary und Petula Clark" (ebd., S. 38). Das Werk *Die feinen Unterschiede* beeindruckt durch die Fülle an empirischem Material ebenso wie durch den Einfallsreichtum, mit dem objektive und subjektive Faktoren fruchtbringend zueinander in Beziehung gesetzt werden.

Die *Habitustheorie* stellt in der Soziologie Bourdieus den konzeptuellen Dreh- und Angelpunkt dar. Sie wird sowohl zur Erklärung der Praxisformen, als auch zur Erklärung sozialer Ungleichheit herangezogen. Wenden wir uns nun also dem Begriff des Habitus zu. Inwiefern lässt sich sagen, dass dieser zwischen dem Raum der sozialen Positionen und dem Raum der Lebensstile, zwischen Klassen und deren kulturellem Konsum vermittelt? Dazu äußert sich Bourdieu wie folgt:

> „Der Habitus bewirkt, daß die Gesamtheit der Praxisformen eines Akteurs (oder einer Gruppe von aus ähnlichen Soziallagen hervorgegangenen Akteuren) als Produkt der Anwendung identischer (oder wechselseitig austauschbarer) Schemata zugleich systematischen Charakter tragen und systematisch unterschieden sind von den konstitutiven Praxisformen eines anderen Lebensstils." (Bourdieu 1987, S. 278).

Der Habitus wird also als das Erzeugungsprinzip der oben konkretisierten Praxisformen oder Lebensstile begriffen, dass es den Akteuren ermöglicht, anhand des kulturellen Konsums systematisch einen Lebensstil vom anderen zu unterscheiden und nicht zuletzt Rückschlüsse auf die soziale Herkunft der Akteure zu ziehen. Auf abstrakte Weise formuliert heißt das: Der Habitus strukturiert die Praxis ebenso wie deren Wahrnehmung durch die Akteure und wird daher auch als *strukturierende Struktur* bezeichnet. Wie lässt sich dies näher bestimmen? Das Konzept des Habitus beinhaltet erstens ein System von Denk- und Wahrnehmungsschemata, mit dem die Akteure ihre soziale Welt organisieren, klassifizieren und bewerten. Diese Schemata umfassen Ideal- und Wertvorstellungen ebenso wie Einstellungen und Haltungen gegenüber anderen sozialen Akteuren.

Anhand bestimmter Dimensionen des Lebensstils, also beispielsweise anhand der Automarke, des Kleidungsstils, der Essgewohnheiten oder Urlaubsdestinationen ist es so für soziale Akteure möglich, sich wechselseitig zu klassifizieren und gedanklich bestimmten sozialen Schichten zuzuordnen. Zudem stellen bestimmte ästhetische Maßstäbe, also das, was gemeinhin als *Geschmack* bezeichnet wird, einen gewichtigen Teil der Denk- und Wahrnehmungsschemata dar. Das heißt, Vorlieben und Geschmackspräferenzen im Allgemeinen und die Vorstellung des „guten Geschmacks" im Besonderen sind nach Bourdieu habituell – und damit sozial – definiert. Insbesondere Schönheitsideale im Hinblick auf Kleidung, Frisuren oder Schmuck sind in hohem Maße von der sozialen Herkunft abhängig. Zweitens stellen konkrete Handlungsschemata einen konstitutiven Teil des Habitus dar. Dazu gehören Tischmanieren ebenso wie die Art und Weise, sich zu artikulieren und zu bewegen. Hierbei handelt es sich folglich um motorische Schemata, die im Habitus gespeichert und damit *in den Körper eingeschrieben*, also im wahrsten Sinne des Wortes *inkorporiert* sind. Anhand dieses Beispiels lässt sich besonders deutlich zeigen, wie der Habitus zu einer Art „zweiten Haut" wird, die sich nicht wie ein Kleidungsstück ablegen lässt. Dabei geht Bourdieu davon aus, dass die habituellen Strukturen dem Bewusstsein der Akteure nicht zugänglich, also gleichsam unbewusst sind. Unbewusstes Wissen hat in diesem Zusammenhang nichts mit Freuds psychoanalytischem Unbewussten zu tun. Vielmehr stellt Bourdieu auf ein Nicht-Mehr-Wissen im Sinne von „vergessener Geschichte" ab. Das Dispositionssystem Habitus wird also nicht gewusst und ist dem Einzelnen auch nur äußerst begrenzt reflexiv verfügbar. Die habituelle zweite Natur wird in der Regel nicht mehr hinterfragt – insbesondere Wahrnehmungskategorien und Klassifikationsschemata stellen eine Art „Sockel geteilten Glaubens" (Bourdieu 2005, S. 163) dar, der nicht mehr freigelegt werden kann.

Der Habitus als Set von Wahrnehmungs-, Denk- und Handlungsschemata verfestigt sich maßgeblich in der Zeit der primären Sozialisation, also vor allem im Rahmen von frühkindlicher Erziehung und Bildung. Dies charakterisiert den Habitus eindeutig als etwas gesellschaftlich Bedingtes, als eine soziale Größe. Diese begreift Bourdieu folglich nicht nur als die Praxisformen strukturierende, sondern auch als strukturierte Struktur. Damit ist gemeint, dass der Habitus für Bourdieu „inkorporierte Geschichte" darstellt. Er beruht auf individuellen und kollektiven Erfahrungen und reflektiert auf diese Weise, wenn man so will, die Vergangenheit in der Gegenwart.

Der Habitus ist also zugleich Produkt und Produzent sozialer Praktiken. Der Zusammenhang zwischen strukturierter und strukturierender Struktur kann in einem Schaubild wie folgt graphisch dargestellt werden:

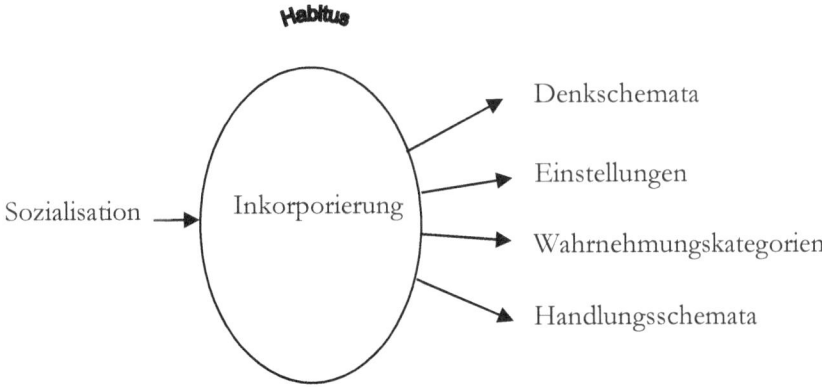

In gewissen Grenzen bestimmt das objektiv gegebene Kapitalvolumen die Existenz- und Lebensbedingungen eines Akteurs – und damit auch seinen Habitus, d.h. seine Denk-, Wahrnehmungs- und Handlungsschemata, seine Bewertungsmaßstäbe und Wertvorstellungen. Anders formuliert bestimmt die Ausstattung an ökonomischem, kulturellem und sozialem Kapital über den Habitus die Art und Weise, wie die Akteure ihren kulturellen Konsum gestalten, wie sie denken und handeln, andere klassifizieren – kurz: welchen Lebensstil sie ausbilden und pflegen. Damit kann der Habitus als Erzeugungsprinzip der Lebensstile konkretisiert werden – zudem liegt er allem alltäglichen Handeln und Wahrnehmen konstitutiv zugrunde. Ausgehend von objektiven Daten zu Kapitalausstattung und beruflicher Laufbahn erklärt Bourdieu also die Genese von Praxisformen über die Veräußerung von Anlagen, die im Habitus vorstrukturiert sind.

Es wäre allerdings verfehlt anzunehmen, es handele sich beim Habitus um ein deterministisches Konzept. Den ihm gegenüber diesbezüglich immer wieder geäußerten Vorwürfen hat Bourdieu stets energisch widersprochen. Keineswegs steht die Habitustheorie zu der für Bourdieu grundlegenden Annahme eines freien Willens im Widerspruch, allerdings bricht Bourdieu – wie übrigens auch schon die Gründungsväter der Soziologie sowie Elias – mit der völligen Entscheidungsfreiheit des Individuums. Der Habitus wird zwar als handlungsstrukturierendes Prinzip begriffen, allerdings ohne hierfür Anspruch auf Ausschließlichkeit zu erheben. Zweitens wird mitnichten angenommen, dass der Habitus nicht wandelbar sei. Es handelt sich um eine dynamische Größe, die durchaus in der Lage ist, sich an veränderte Positionen im sozialen Raum, also gleichsam an sozialen Auf- oder Abstieg anzupassen. Dies geschieht allerdings meist mit einer gewissen zeitlichen Verzögerung, die Bourdieu als den *Hysteresis-Effekt* bezeichnet. Drittens konzipiert Bourdieu den Habitus als ein System von Grenzen, die zwar die Praxisformen begrenzen, nicht aber die Praktiken selbst determinieren. Das heißt, dass sich innerhalb der – durchaus flexibel gedachten – Grenzen ein Möglichkeitsfeld und damit ein beträchtlicher Spielraum für Variation und Innovation eröffnet. In einem Interview antwortete Bourdieu auf die Frage, ob es denn im Rahmen der Habitustheorie überhaupt noch „Platz für Spontaneität und Individualität" gebe, wie folgt:

> „Der Begriff des ‚Habitus' besagt genau das. Er bezeichnet im Grunde eine recht simple Sache: Wer den Habitus einer Person kennt, der spürt oder weiß intuitiv, welches Verhalten dieser Person verwehrt ist. Mit anderen Worten: Der Habitus ist ein System von Grenzen. Wer z.B. über einen kleinbürgerlichen Habitus verfügt, der hat eben auch, wie Marx einmal sagt: Grenzen seines Hirns, die er nicht überschreiten kann. Deshalb sind für ihn bestimmte Dinge einfach undenkbar, unmöglich; es gibt Sachen, die ihn aufbringen oder schockieren. Aber innerhalb dieser seiner Grenzen ist er durchaus erfinderisch, sind seine Reaktionen keineswegs immer schon im Voraus bekannt." (Bourdieu 1992, S. 33).

Aus diesem Zitat spricht, was Bourdieu als *sozialen Sinn* bezeichnet hat. Dabei handelt es sich um einen praktisch-intuitiven Sinn, der auf dem Dispositionssystem Habitus fußt und dem Akteur in der sozialen Welt als Orientierungssinn dient. Nach Bourdieu sind es nicht zuletzt die im Habitus gespeicherten Denk- und Handlungsdispositionen, Klassifizierungsschemata und Wertvorstellungen, die uns erst zu sinnvollem, regelmäßigem und erfolgreichem Handeln in der Gesellschaft befähigen.

Die unterschiedliche Verteilung von ökonomischem Kapital, also z.B. von Einkommen, begründet noch keine soziale Ungleichheit. Im soziologischen Sinn wird von sozialer Ungleichheit erst dann gesprochen, wenn eine Ungleichverteilung durch ungleiche Zugangschancen zu verfügbaren oder erstrebenswerten Ressourcen begründet ist und folglich die mit diesem Zugang verbundenen Lebenschancen der Betroffenen dauerhaft eingeschränkt (oder eben begünstigt) werden. Mit Lebenschancen sind in diesem Zusammenhang Möglichkeiten gemeint, Macht, Vermögen und Einfluss zu bekommen, Anerkennung und Prestige zu genießen, Karriere zu machen oder soziales Kapital zu akkumulieren.

Bei Bourdieus Hauptwerk *Die feinen Unterschiede* handelt es sich, dass gilt es zu bedenken, um eine Sozialstruktur- und damit soziale Ungleichheitsanalyse der französischen Gesellschaft der sechziger und siebziger Jahre. Die seither eingetretenen Veränderungen in der Sozialstruktur und der Lebenswelt der Menschen, die u.a. mit der Globalisierung, Europäisierung, Digitalisierung und Individualisierung erfordern eine Verfeinerung von Bourdieus theoretisch-konzeptionellem Raster, lassen es aber nicht obsolet werden (vgl. Fröhlich/Rehbein 2014). Wie oben bereits angeklungen, fokussiert Bourdieu die Strategien der Distinktion, die er als Teil eines Reproduktionsmechanismus sozialer Ungleichheit begreift. So zeigt er in seiner Analyse beispielhaft, wie Lebensstile und Geschmack, insbesondere in der herrschenden Klasse, als Distinktionsmittel im Kampf um gesellschaftliche Positionen, Anerkennung und ökonomisches Kapital eingesetzt werden:

> „Nichts hebt stärker ab, klassifiziert nachdrücklicher, ist distinguierter als das Vermögen, beliebige oder gar ‚vulgäre' [...] Objekte zu ästhetisieren, als die Fähigkeit, in den gewöhnlichsten Entscheidungen des Alltags – dort, wo es um Küche, Kleidung oder Inneneinrichtung geht – und in vollkommener Umkehrung der populären Einstellung die Prinzipien einer ‚reinen' Ästhetik spielen zu lassen. [...] Geschmack klassifiziert – nicht zuletzt den,

> der die Klassifikationen vornimmt. Die sozialen Subjekte, Klassifizierende, die sich durch Klassifizierungen selbst klassifizieren, unterscheiden sich voneinander durch die Unterschiede, die sie zwischen schön und hässlich, fein und vulgär machen und in denen sich ihre Position in den objektiven Klassifizierungen ausdrückt oder verrät." (Bourdieu 1987, S. 25).

Der legitime Geschmack beschränkt sich also *per definitionem* auf die herrschende Klasse oder Oberschicht, die sich mithilfe eines distinguierten Lebensstils von der Mittelklasse abhebt. Dabei erscheint insbesondere die Volksklasse als eine „Art Negativfolie für jedweden Versuch distinktiver Abgrenzung und Abhebung" (Bourdieu 1987, S. 292). Zumal der von der herrschenden Klasse definierte legitime Geschmack mit Prestige, also mit symbolischem Kapital belegt ist, trachtet die mittlere Klasse danach, den legitimen Lebensstil nachzuahmen und sich ihrerseits gegenüber der Volksklasse abzugrenzen. In diesem Zusammenhang stellt Bourdieu heraus, dass der mittelklassische Habitus letztlich trotz aller Bemühungen verhindert, dass die Nachahmung des distinguierten Lebensstils vollkommen gelingt. Bedenkt man nun, welche Rolle die richtige Kleidung, Tischmanieren, der sogenannte gepflegte *small talk*, das Beherrschen der Standardsprache oder der Besitz von Statussymbolen für soziale Anerkennung, berufliche Karriere und sozialen Aufstieg bedeuten, wird ersichtlich, welche entscheidende Bedeutung dem Habitus als Erzeugungsprinzip von Lebensstilen und der Strategie der Distinktion als Reproduktionsmechanismen sozialer Ungleichheit zukommt.

Umso gewichtiger wird diese Einsicht, wenn man berücksichtigt, dass Bourdieus Distinktions- und Lebensstiltheorie mit einer Soziologie der Herrschaft verbunden ist (vgl. Bourdieu 1987, S. 601ff.; Bourdieu 2005). Der legitime Geschmack der obersten Klasse wird als Herrschaftsprodukt begriffen, „dazu bestimmt, Herrschaft auszudrücken und zu legitimieren" (Bourdieu 1987, S. 359). Die im Habitus gespeicherten, unbewussten Bewertungs- und Klassifikationsschemata lassen die Leute durch eine Art „symbolische Brille" blicken, durch welche die unterschiedlichen Lebensstile als vollkommen natürlich und selbstverständlich erscheinen. All jenes, was den Charakter des Selbstverständlichen trägt, erscheint als nicht veränderbar. Folglich werden die Ungleichheitsrelationen weder hinterfragt, noch kommen Kritik oder der Wunsch auf, die zugrunde liegenden Macht- und Kapitalrelationen zu verändern. Mit anderen Worten und bezogen auf die Lebensstile bedeutet dies, dass mit der alltäglichen Wahrnehmung der unterschiedlichen Lebensstile als selbstverständlich und natürlich die Ordnung der sozialen Welt als unveränderbar erlebt und (an-)erkannt wird. Die im Habitus integrierten Bewertungs- und Klassifikationsschemata bewirken, dass ein spezifischer Lebensstil als auf natürliche Weise „passend" zu der jeweiligen Klasse empfunden wird. Auf diese Weise vollzieht sich quasi stillschweigend, unbemerkt und unbewusst auch die Anerkennung der ungleichen Verteilung des dem Lebensstil zugrunde liegenden Kapitals (vgl. Schwingel 2003, S. 119f.).

Diese Zusammenhänge gelten entsprechend für den Habitus der unteren Klassen. Bourdieu bemerkt zu seinen Untersuchungen zum französischen Bildungssystem:

„Auf dem Bildungsmarkt springt das ins Auge. Sobald die Vertreter der unteren Klassen dort ihre Sprache anbieten, bekommen sie schlechte Noten; da fehlt ihnen die richtige Aussprache, die richtige Syntax usw. Es gibt mithin eine populäre Kultur im ethnologischen Sinn, aber diese Kultur ist als ‚Bildung' wertlos." (Bourdieu 1992, S. 40).

In einer umfangreichen Studie befasst sich Bourdieu mit der Reproduktion sozialer Ungleichheit durch das französische Bildungssystem (vgl. Bourdieu 1973). Wie oben gezeigt, entscheiden Schul- und Hochschulabschlüsse als institutionalisiertes kulturelles Kapital maßgeblich über das berufliche Fortkommen, über Prestige und soziale Anerkennung. Dieser Umstand erklärt die verschärfte Konkurrenz um Bildungstitel und verweist auf die Bedeutung jener Institutionen, die Bildungstitel verleihen. In seinen Analysen zeigt Bourdieu auch, dass Kinder, die aus Familien mit geringerer „Kapital"-Ausstattung kommen, im Wettlauf um diese Abschlüsse strukturell benachteiligt sind, weil sie im Laufe der primären Sozialisation und Erziehung im Elternhaus im Vergleich zu anderen weniger in der Lage sind, kulturelles Kapital zu akkumulieren. Dies gilt analog für die *Grandes Écoles*, die französischen Elitehochschulen für Verwaltung und Wirtschaft, die ihren Nachwuchs über Aufnahmeprüfungen, die sogenannte *Concours*, rekrutieren. Bourdieu weist nach, wie diese Beurteilungsmethoden systematisch ungleiche Kapitalausstattungen bestätigen und reproduzieren. In den Auswahlgesprächen greifen zudem die habituellen Bewertungs- und Klassifikationsschemata und sie „belohnen" so Studienbewerber aus den herrschenden Klassen, die unbewusst an Kleidung, Manieren, Körperhaltung oder Ausdrucksweise erkannt werden. Schüler oder Studenten aus der Volksklasse reduzieren ihre Chancen oft genug durch Selbstunterschätzung oder Selbsteliminierung. Bourdieus Habitustheorie entlarvt die Chancengleichheit des französischen Bildungssystems als Illusion, indem sie aufdeckt, dass der schulische und universitäre Erfolg maßgeblich von Kapitalausstattung und Habitusdispositionen abhängt. Gerade im schulischen und universitären Feld also, das nach außen den Anschein erweckt, für alle Schichten gleichermaßen zugänglich zu sein, kommt es zur Reproduktion der Eliten und zur Perpetuierung sozialer Ungleichheitsstrukturen. Kinder der herrschenden Klassen haben also bevorzugten Zugang zu den umkämpften Bildungstiteln, die wiederum als „Grundvoraussetzung für den Zutritt zum Universum der legitimen Kultur" (Bourdieu 1987, S. 56) fungieren.

Die Habitustheorie und die besprochenen theoretische Konzepte Sozialraum, Klasse, Kapital und Lebensstil reflektieren Bourdieus stetes Bemühen, als Soziologe den Gegensatz zwischen Objektivismus und Subjektivismus zu überwinden. Ersteren – synonym ist auch häufig von Strukturalismus die Rede – hält Bourdieu als soziologische Erkenntnisperspektive ebenso für unzulänglich wie eine rein subjektivistische Herangehensweise. Während der Objektivismus die Akteure vernachlässige und die zentrale Erkenntnis ignoriere, dass handelnde Individuen Strukturen erst mit Leben erfüllen, sie formen und aufrechterhalten, unterschätze jeder rein subjektivistische Ansatz die überindividuellen – Elias würde sagen figurativen – Kräfte in Feld und Raum. Diese die Dichotomie von Objektivismus und Subjektivismus überwindende Erkenntnisweise hat Bourdieu als die *praxeologische* bezeichnet.

Aus epistemologischer Sicht ist nochmals zu unterstreichen, dass der soziale Raum sowohl objektive als auch subjektive Faktoren gleichermaßen berücksichtigt und ausgewogen gewichtet. Bourdieus Konzept ermöglicht die Rückbindung ungleicher Lebenschancen, wie den Zugang zu Prestige, Einfluss, Macht und Geld, an unterschiedliche Lebensstile einerseits und an die diesen zugrunde liegende ungleiche Kapitalverteilung andererseits. So vollzieht Bourdieu in der Ungleichheitsforschung einem Paradigmenwechsel, der von seinen Untersuchungen in *Die feinen Unterschiede* angestoßen wurde und seither unter dem Titel *Lebensstilforschung* nachhaltig wirksam ist.

Diskussionsfragen

- Welche Bedeutung hat bei Bourdieu der Begriff des Kapitals und welche gesellschaftlichen Strukturen lassen sich damit erfassen?
- Wie ist Bourdieus Begriff des Habitus mit seiner Sozialstrukturanalyse verknüpft?
- Wie hängen in Bourdieus Gesellschaftstheorie Herrschaft mit ästhetischem oder anderem Geschmack zusammen?
- Was versteht Bourdieu unter "legitimem Geschmack"?
- Was sind soziale Distinktionsmechanismen im Sinne Bourdieus und wie wirken sie auf die Sozialstruktur ein?

Literatur

Arendt, Hannah 2019: *Wahrheit und Lüge in der Politik*, München.
Bach, Maurizio 2005: Vilfredo Pareto (1848-1923), in: Kaesler, Dirk (Hg.): *Klassiker der Soziologie. Von Auguste Comte bis Alfred Schütz*, München, 5. Aufl., S. 94-113.
Bach, Maurizio 2019: *Jenseits des rationalen Handelns. Zur Soziologie Vilfredo Paretos*, Wiesbaden.
Baumgart, Ralf/Eichener, Volker 1997: *Norbert Elias zur Einführung*, Berlin.
Bourdieu, Pierre 1973: Kulturelle Reproduktion und soziale Reproduktion, in: Bourdieu, Pierre/Passeron, Jean-Claude: *Grundlagen einer Theorie der symbolischen Gewalt*, Frankfurt a. M., S. 88-137.
Bourdieu, Pierre 1983: Ökonomisches Kapital, kulturelles Kapital, soziales Kapital, in: Kreckel, Reinhard (Hg.): *Soziale Ungleichheiten*, Göttingen, S. 183-198.
Bourdieu, Pierre 1987: *Die feinen Unterschiede. Kritik der gesellschaftlichen Urteilskraft*, Frankfurt a. M.
Bourdieu, Pierre 1992: *Die verborgenen Mechanismen der Macht*, Frankfurt a. M.
Bourdieu, Pierre 2005: *Die männliche Herrschaft*, Frankfurt a. M.
Breuer, Stefan 1991: *Max Webers Herrschaftssoziologie*, Frankfurt a. M.
Butter, Michael 2018: "*Nichts ist, wie es scheint.*" *Über Verschwörungstheorien*, Berlin.
Calvin, Jean 1937: *Unterricht in der christlichen Religion. Institutio Christianae Religionis*, Bd. 2, Neukirchen.
Duby, Georges 1992: Die Zeit der Kathedralen, Frankfurt a. M.
Durkheim, Emile 1983: *Der Selbstmord* (1897), Frankfurt a. M.
Durkheim, Emile 1984: *Die Regeln der soziologischen Methode* (1894), Frankfurt a. M.
Durkheim, Emile 1992: *Über soziale Arbeitsteilung. Studie über die Organisation höherer Gesellschaften*, (1893), Frankfurt a. M.
Durkheim, Emile 1994: *Die elementaren Formen des religiösen Lebens* (1912), Frankfurt a. M.
Elias, Norbert 1987: Die Gesellschaft der Individuen, Frankfurt a. M.
Elias, Norbert 1970: *Norbert Elias über sich selbst*, Frankfurt a. M.
Elias, Norbert 1997a: *Über den Prozess der Zivilisation. Soziogenetische und psychogenetische Untersuchungen. Erster Band: Wandlungen des Verhaltens in den weltlichen Oberschichten des Abendlandes*, Frankfurt a. M.
Elias, Norbert 1997b: *Über den Prozess der Zivilisation. Soziogenetische und psychogenetische Untersuchungen. Zweiter Band: Wandlungen der Gesellschaft. Entwurf einer Theorie der Zivilisation*, Frankfurt a. M.
Elias, Norbert/Scotson, John L. 1990: *Etablierte und Außenseiter*, Frankfurt a. M.
Fröhlich, Gerhard/Rehbein, Boike 2014: Bourdieu Handbuch. Leben – Werk – Wirkung, Stuttgart u. Weimar.
Habermas, Jürgen 2006: *Strukturwandel der Öffentlichkeit: Untersuchungen zu einer Kategorie der bürgerlichen Gesellschaft*, Frankfurt a. M.
Hanke, Edith 2001: Max Webers „Herrschaftssoziologie". Eine werkgeschichtliche Studie, in: dies. und Wolfgang J. Mommsen (Hg.): *Max Webers Herrschaftssoziologie*, Tübingen, S. 19-46.
Hobbes, Thomas 1966: *Leviathan oder Stoff, Form und Gewalt eines kirchlichen und bürgerlichen Staates* (1651), Hrsg. und eingeleitet v. Iring Fetscher. Übers. v. Walter Euchner, Frankfurt a. M.
Kaesler, Dirk (Hg.) 2005: *Klassiker der Soziologie*, 2 Bde., München.
Kaesler, Dirk/Vogt, Ludgera (Hg.) 2000: *Hauptwerke der Soziologie*, Stuttgart.
Knoblauch, Hubert 2009: *Populäre Religionen. Auf dem Weg in eine spirituelle Gesellschaft*, Frankfurt a.M./New York.
Korte, Hermann 2003: Norbert Elias (1897-1990), in: Kaesler, Dirk (Hg.): *Klassiker der Soziologie. Von Auguste Comte bis Norbert Elias*, München, S. 315-333.

Lepsius, M. Rainer 2003: Eigenart und Potenzial des Weber-Paradigmas, in: Albert, Gert u.a. (Hg.): *Das Weber-Paradigma*, Tübingen, S. 32–41.
Marx, Karl/Engels, Friedrich 1972: *Ausgewählte Schriften*, Bd. 1, Berlin.
Marx, Karl 1968: *Die Frühschriften. Von 1837 bis zum Manifest der kommunistischen Partei 1848*, Stuttgart.
Marx, Karl 1972 (1867): Das Kapital. Kritik der politischen Ökonomie. Erster Band, Karl Marx/Friedrich Engels Werke, Bd. 23, Berlin.
Michels, Robert 1989: *Zur Soziologie des Parteiwesens in der modernen Demokratie. Untersuchungen über die oligarchischen Tendenzen des Gruppenlebens* (1911), Stuttgart.
Mosca, Gaetano 1950: *Die herrschende Klasse. Grundlagen der politischen Wissenschaft* (1895/1922), München.
Müller, Hans-Peter, 2020: Max Weber. Ein Spurensuche, Berlin.
Münch, Richard 2002: *Soziologische Theorie*, 3 Bde., Frankfurt a. M.
Nedelmann, Birgitta 2006: Georg Simmel, in: Dirk Kaesler (Hg.): *Klassiker der Soziologie*, Bd. 1, 5. Aufl., München, S. 128–150.
Nippel, Wilfried (Hg.) 2000: *Virtuosen der Macht. Herrschaft und Charisma von Perikles bis Mao*, München.
Pareto, Vilfredo 1988: *Trattato di sociologia generale* (1916), Lausanne.
Pareto, Vilfredo 2007: *Ausgewählte Schriften*, hrsg. v. Carlo Mongardini, Wiesbaden.
Pirenne, Henri 1974: *Sozial- und Wirtschaftsgeschichte Europas im Mittelalter*, München.
Reckwitz, Andreas 2017: Die Gesellschaft der Singularitäten, Berlin.
Schimank, Uwe 2007: *Theorien gesellschaftlicher Differenzierung*, 3. Aufl., Wiesbaden.
Schluchter, Wolfgang 1985: *Aspekte bürokratischer Herrschaft. Studien zur Interpretation der fortschreitenden Industriegesellschaft*, Frankfurt a. M.
Schmidt, Alfred 1974: *Der Begriff der Natur in der Lehre von Marx. Überarbeitete, ergänzte und mit einem Postskriptum versehene Neuausgabe*, Frankfurt a. M.
Schumpeter, Joseph A. 1993: *Kapitalismus, Sozialismus und Demokratie*, 7. Aufl., Tübingen und Basel.
Schwingel, Markus 2003: *Pierre Bourdieu zur Einführung*, Hamburg.
Seyfarth, Constans/ Sprondel, Walter S. (Hg.) 1973: *Seminar: Religion und gesellschaftliche Entwicklung. Studien zur Protestantismus-Kapitalismus-These Max Webers*, Frankfurt a. M.
Simmel, Georg 1992: Das Problem der Soziologie, in: ders.: *Aufsätze und Abhandlungen 1894–1900*, hrsg. v. Heinz-Jürgen Dahme und David P. Frisby, Gesamtausgabe Bd. 5, Frankfurt a. M., S. 52–61.
Simmel, Georg 1992a: *Soziologie. Untersuchung über die Formen der Vergesellschaftung* (1908), hrsg. v. Otthein Rammstedt, Gesamtausgabe Bd. 11, Frankfurt a. M.
Simmel, Georg 1992b: Die Gesellschaft zu zweien (1908), in: ders.: *Aufsätze und Abhandlungen 1901–1908*, Bd. II, hrsg. v. Alessandro Cavalli und Volkhard Krech, Gesamtausgabe Bd. 8, Frankfurt a. M., S. 348–354.
Simmel, Georg 1999: *Grundfragen der Soziologie* (1917), hrsg. v. Gregor Fitzi und Otthein Rammstedt, Gesamtausgabe Bd. 16, Frankfurt a. M., S. 59–150.
Smith, Adam 1990: *Der Wohlstand der Nationen. Eine Untersuchung seiner Natur und seiner Ursachen*, München.
Soeffner, Hans-Georg 2000: *Gesellschaft ohne Baldachin. Über die Labilität von Ordnungskonstruktionen*, Weilerswist.
Vobruba, Georg 2009: *Die Gesellschaft der Leute. Kritik und Gestaltung der sozialen Verhältnisse*, Wiesbaden.
Weber, Max 1976: *Wirtschaft und Gesellschaft. Grundriss der verstehenden Soziologie* (1922), Tübingen.
Weber, Max 1988: *Gesammelte Aufsätze zur Religionssoziologie*, 3 Bde. (1920–21), Tübingen.
Weber, Max 1988a: *Gesammelte Aufsätze zur Wissenschaftslehre* (1922), Tübingen.

Weber, Max 1992: *Politik als Beruf*, Stuttgart.
Weber, Max 2002: *Schriften 1894-1922*. Ausgewählt von Dirk Kaesler, Stuttgart.
Wenzel, Harald 1990: Die Ordnung des Handelns. Talcott Parsons's Theorie des allgemeinen Handlungssystems, Frankfurt a.M.

Überblicksdarstellungen:

Aron, Raymond 2005: *Hauptströmungen der Soziologie*, München.
Kneer, Georg/Schroer, Markus (Hg.) 2009: Handbuch Soziologische Theorien, Wiesbaden.
Kaesler, Dirk (Hg.) 2005: *Klassiker der Soziologie*, 2 Bde., München.
Kaesler, Dirk/Vogt, Ludgera (Hg.) 2000: *Hauptwerke der Soziologie*, Stuttgart.
Müller, Hans-Peter (2021: *Krise und Kritik. Klassiker der soziologischen Zeitdiagnose*, Berlin.
Münch, Richard 2002: *Soziologische Theorie*, 3 Bde., Frankfurt a. M.

Stichwortverzeichnis

Die Angaben verweisen auf die Seitenzahlen des Buches.

Affektkontrollen 111, 120, 122, 123
Anomie 36, 37
Anonymisierung 24
Arbeiterbewegung 24, 34, 103
Arbeitszerlegung 21
Aufklärung 5, 9, 14, 36, 47

Berufsorganisation 35, 56
Bürokratie 96–98

Calvinismus 77
Charisma 85, 90, 98–101, 138
Charismatische Herrschaft 94, 95, 98–100

Derivationen 107–110
Differenzierung 19–22, 27–29, 31, 32, 34, 45, 106, 109, 111, 120, 122, 127, 138
Differenzierungsprozess 11, 20
Distinktionsstrategien 129
Dynamischer Prozess 49

Elite 13, 83–85, 103, 104, 108–110, 135
Etablierten-Außenseiter-Beziehung 116
Exklusion 36, 117, 118

Figuration 57, 109, 111–114, 117–119, 122, 124
– Figurationsfalle 117
– Figurationskonzept 112, 114, 118
– Figurationsniveau 122
Fließbandproduktion 22
Fordismus 22
Form-Inhalt 51
Freiheit 26, 52, 81, 97
Fremdzwänge 122

Gebot der Werturteilsfreiheit 65
Gemeinwohl 20, 25, 27, 28
Gesellschaftlichkeit 25, 28
Gesellschaftsdifferenzierung 23
Gewalt 25, 26, 64, 91, 108, 109, 111, 122, 137
Grundbedürfnis 50
Gruppencharisma 115, 116
Gruppenschande 115

Habitus 125, 129–134, 136

Habitustheorie 130, 132, 135
Handlungsstrukturen 63, 107
Handlungstypus 65
Herrschaft 13, 26, 28, 54, 89–101, 134, 136–138
Herrschaftssoziologie 89, 137
Herrschaftstypen 93, 94
Hysteresis-Effekt 132

Idealtypus 64, 65, 97
Individualisierung 23, 28, 133
institutionalisiertes kulturelles Kapital 126
Integration 19, 24, 28, 29, 31, 35, 36, 45, 99, 105, 109
Interaktion 42, 54, 55, 57, 58, 62
Interessenorientiertes Handeln 74

Kapitalismus 9, 12, 13, 15–18, 67, 77, 78, 82, 84–87, 89, 138
Kapitalismuskritik 14, 17
Kapitalstruktur 127, 128
Kapitalvolumen 127–130, 132
Klassen 9, 11–15, 17, 35, 43, 72, 75, 106, 109, 125, 127–130, 133–135, 138
Klassenkampf 13, 14
Klassenkonflikt 35
Kognitive Struktur 72, 73, 75
Kohäsion 23, 31, 32, 115, 116, 118
Kollektive Repräsentation 56
Kollektivhandeln 74
Königsmechanismus 122, 123
Krieg 25
Kultur 14, 47, 63, 83, 86, 135
Kulturkapital 125, 126

Laufbahn 128, 132
Lebensformen 42, 57, 74, 85
Lebensführung 80–83, 85, 87
Lebensstilforschung 136
Lebensstiltheorie 134
Legitimation 15, 26, 31, 89, 91, 93–95, 98, 101, 108, 115
Legitimationsideologie 15
Legitimer Geschmack 129

Stichwortverzeichnis

Leviathan 25, 28, 137
Linguistische Codes 56
Lob- und Schimpfklatsch 117
Logik der Gefühle 103, 105, 107

Macht 5, 13, 25, 26, 41, 83, 89–93, 96, 97, 99–101, 103, 108, 109, 113, 115, 117, 133, 134, 136–138
Machtasymmetrie 115
Machtkämpfe 10, 25
Markt 16, 19, 27, 28, 33, 41, 74
Marktprozesse 27
mittlerer Geschmack 129
Moderne Gesellschaft 5, 9, 32, 97
Modernitätsbedingungen 19

Nationalökonomie 21, 47, 103, 104
Naturalismus 49

Objektivismus 135
Ökonomie 9, 12, 15, 19, 27, 32, 34, 70, 77, 104, 138
Ökonomische Arbeitsteilung 21
Ökonomische Soziologie 103, 104
Ökonomisches Kapital 125, 133, 137
Oligarchisierung 104
Ordnungsproblem 23, 24, 26, 28, 29, 31–34

Pars-pro-toto-Verzerrung 116
Passive Anerkennung 62
Phänomene des Sozialen 44
Politik 19, 27, 45, 73, 90, 103, 110, 137
populärer Geschmack 129
Positivismus 39, 49, 55, 105, 114
Protestantische Ethik 67, 77, 78, 82, 86, 89
Protestantismus 83, 87, 138
Puritaner/Puritanismus 81, 83, 85, 87

Raum der Lebensstile 128–130
Raum der sozialen Positionen 125, 127–130
Regellosigkeit 43, 100
Religion 19, 31, 32, 36, 43, 47, 54, 56, 57, 77, 118, 137, 138
Revolutionstheorie 15
Rollen des Dritten 53

Säkularisierung 20, 24, 83, 87

Säkularisierungsprozess 36
Schule der Elitentheorie 109
Selbstmord 39, 42–44, 46, 137
Selbstzwänge 121, 122
Sinnorientierung 63, 65–67, 71, 75
Solidarität 22, 23, 31, 32, 35, 36, 44, 50, 57, 115
Sozialdarwinismus 103
Soziale Prozesse 40, 45, 49, 65, 111, 112, 118, 119
Soziale Ungleichheit 15, 45, 103, 104, 118, 125, 129, 130, 133, 134
Sozialer Sinn 133
Sozialer Wandel 10, 43, 45
Soziales Handeln 61, 62, 65–68, 89, 107
Soziales Kapital 127, 133, 137
Sozialordnung 24
Sozialpolitik 77
Soziologie der Sinne 48
Soziologischer Grundbegriff 61, 66
Spezialisierung 20–22, 28, 52, 86, 97
Statusideologie 115, 117
Stigmatisierung 115–118, 126
Strukturalismus 135
Subjektivismus 135, 136
Symbolisches Kapital 127
Systemkollaps 23, 24

Verdinglichung 15, 49
Vergesellschaftung 47, 49–52, 54, 55, 57, 58, 61, 69, 75, 138
Verhaltensleitlinien 57
Verstädterung 24, 34
Verstehbarkeit 63
Vertragstheorien 19, 24, 26, 28

Wechselwirkung 47–52, 54, 57, 58, 65, 75, 76, 112, 114, 121
Wirtschaft 17, 41, 45, 47, 61, 74, 77, 89, 100, 135, 138
Wirtschaftsleben 12, 81
Wissenschaft 10, 14, 18, 19, 31, 32, 36, 39, 44–47, 51, 54, 57, 61, 62, 64, 66, 67, 105

Zivilisation 106, 111, 112, 118–124, 137
Zweierbeziehung 47, 52, 57

Bereits erschienen in der Reihe
STUDIENKURS SOZIOLOGIE

Link zum
Nomos-Shop

Bildungssoziologie
Von Prof. Dr. Janna Teltemann
2. Auflage 2022, 215 Seiten, broschiert,
ISBN 978-3-8487-7320-6

Umweltsoziologie
Von Prof. Dr. Cordula Kropp und
Dr. Marco Sonnberger
2021, 237 Seiten, broschiert,
ISBN 978-3-8487-5035-1

Politische Soziologie
Von Prof. Dr. Boris Holzer
2. Auflage 2020, 199 Seiten, broschiert,
ISBN 978-3-8487-6109-8

Transnationalismus
Von Prof. Dr. Magdalena Nowicka
2019, 170 S., broschiert,
ISBN 978-3-8487-5059-7

Bereits erschienen in der Reihe STUDIENKURS SOZIOLOGIE

Öffentliche Soziologie
Von PD Dr. Oliver Neun
2019, 225 S., broschiert,
ISBN 978-3-8487-4758-0